引领·规划·成长

——幼儿教师的专业发展

黄志静 / 编著

东北师范大学出版社

长 春

图书在版编目（CIP）数据

引领·规划·成长：幼儿教师的专业发展 / 黄志静编著. 一长春：东北师范大学出版社，2020.9
ISBN 978-7-5681-7134-2

Ⅰ.①引… Ⅱ.①黄… Ⅲ.①幼教人员—师资培养—研究 Ⅳ.①G615

中国版本图书馆CIP数据核字（2020）第166949号

□责任编辑：邓江英　　　　　□封面设计：言之凿
□责任校对：刘彦妮　张小娅　□责任印制：许　冰

东北师范大学出版社出版发行
长春净月经济开发区金宝街 118 号（邮政编码：130117）
电话：0431-84568115
网址：http://www.nenup.com
北京言之凿文化发展有限公司设计部制版
北京政采印刷服务有限公司印装
北京市中关村科技园区通州园金桥科技产业基地环科中路 17 号（邮编：101102）
2022年6月第1版　　2022年6月第1次印刷
幅面尺寸：170mm×240mm　印张：15.5　字数：234千

定价：45.00元

编委会

主　编：黄志静

编　委：钱　跃　马秀芳　候　雯　邓　卉　雍　翠

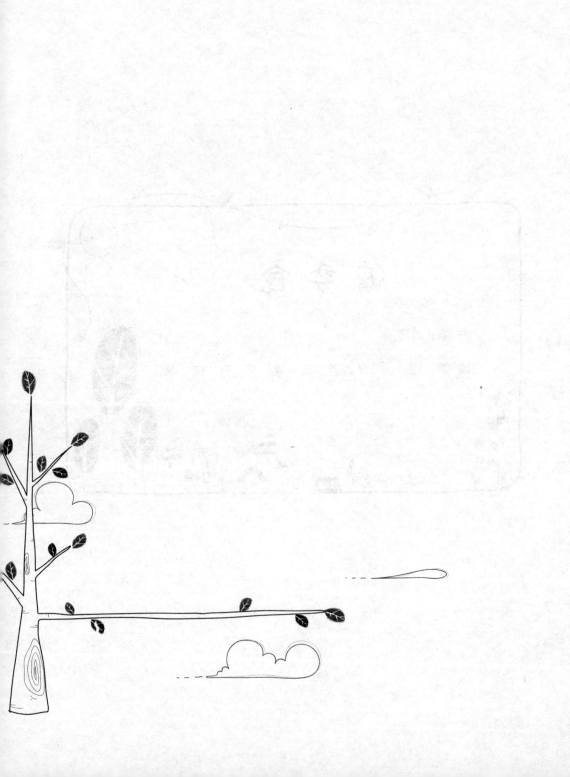

序 言

　　"老有所养，幼有所育"是千百年来人们对大同社会的理想与期望。当前，我国正处于社会转型的关键时期，学前教育事业的发展受到党和政府的高度重视。促进学前教育公平，提升学前教育质量，已经成为全社会密切关注的话题。在学前教育一线，发挥公办幼儿园的示范引领作用，辐射带动民办幼儿园共同发展，是学前教育发展的重要模式之一。作为鸠江区的一所著名公办幼儿园，锦苑实验幼儿园从创办至今，在提升办园水平、引领分园发展、开展教科研工作等方面均取得了丰硕的成果。园长黄志静充分发挥了名园长及学前教育教研员的引领、示范作用。现其将在探索发展中撰写的科研论文、成长规划、教师故事等辑文成册，汇编成《引领·规划·成长——幼儿教师的专业发展》一书，与广大幼教同人分享交流经验。

　　在参与学前教育教科研课题立项、中期汇报、结题的指导工作中，本人见证了锦苑实验幼儿园教科研水平的提升，黄志静园长带领其团队探索出了一条适合锦苑实验幼儿园的教科研道路。从第一个课题"以创编童谣为依托，促进师生共同发展的行动研究"的立项，到如今总园的第三个课题"园长引领教师成长的途径与策略研究"顺利结题，锦苑实验幼儿园教科研水平实现了跨越式的发展。如今的课题更加科学、规范、严谨、扎实，课题内容更加紧扣园所发展中遇到的问题，既符合一线教科研工作立足实际、求真务实的原则，又切合锦苑实验幼儿园的园本特色，其成果对锦苑实验幼儿园今后的发展起到了引领作用。

　　英国浪漫主义诗人华兹华斯曾说："一个崇高的目标，只要不渝地追求，就会成为壮举！"园所的发展、教师的发展也应当有明确的目标。锦苑实验幼儿园在办园初期就制订了三年行动计划，并在规划完成后进一步总结经验、分析不足，制订了锦苑实验幼儿园五年发展规划。教师们围绕园所规划，为自己制订了有目标、有质量、有层次的三年成长规划。园所规划和教师规划相辅相成，共同追求锦苑实验幼儿园的长足发展。

细细品味教师们的成长故事，我们能够感受到教师对自身专业能力提升的需求，以及园长的领导艺术和技巧。书中的18个故事案例，分别来自锦苑实验幼儿园的行政教师、骨干教师、青年教师。他们在职业发展的道路中，遇到的困难非常相似，却又各有不同。当教师遇到困境或者需要突破自身瓶颈时，我们总能看到园长的身影，黄志静园长精粹的点评亦是一种引领和示范。苏联著名教育理论家苏霍姆林斯基曾说："一个好校长就是一所好学校！"对于幼儿园来讲，"一个好园长就是一所好幼儿园"：一方面，园长把握幼儿园发展的大局，决定幼儿园的园所氛围和环境风格；另一方面，园长要以其过硬的专业素养引领教师的专业成长。相信未来的锦苑实验幼儿园一定会在黄园长的带领下，书写出更辉煌的篇章！

愿同行们在分享《引领·规划·成长——幼儿教师的专业发展》时，能获得一些有益的启发，"百尺竿头，更进一步"。希望锦苑实验幼儿园的每一位教师，都能够不断进取、仁爱育才，同时祝愿锦苑实验幼儿园的幼儿们快乐生活，茁壮成长！

2019年1月

目 录

下篇 成长
——锦幼总分园教师成长之路

上篇 引领

——论文集与名师工作室摘录

以创编童谣为依托，促进师生共同
发展的行动研究

《以创编童谣为依托，促进师生共同发展的行动研究》是芜湖市2013年度教育科学规划课题（课题审批文件文号：教研〔2013〕6号），自2013年9月开题，历时两年。研究期间，立足园所、幼儿发展实际，全园上下踏实开展实践研究。以课题引领开发园本课程，将童谣渗透到幼儿一日活动、家庭乃至社会生活中，最终完成预定的研究任务。现将研究报告如下。

一、课题研究背景

童谣有着源远流长的历史，是中国传统文化中一颗璀璨的明珠，在厚重的历史尘埃中广为流传。童谣的历史最早可追溯到2000多年前的战国时期，其内容之丰富早就引起了中外学术界的广泛注意，与之有关的著述、文集等数量惊人。著名儿童学家、首都师范大学的金波教授认为，好的童谣是心灵鸡汤，它能滋润幼儿们的心灵，帮助他们健康成长。童谣这种文学形式，幼儿们最容易掌握。通过传唱童谣，幼儿们既可以获得快乐，又可以学到知识，非常有助于幼儿形成良好的审美能力，并且对幼儿开朗乐观的人格塑造、思想品德的形成、美好情感的培养、行为习惯的养成，乃至中华民族语言美感的熏陶，都有着潜移默化、不可替代的作用。然而，随着社会日益的物质化，幼儿们口中传唱的不再是经典、健康的童谣，而是带着嘲讽甚至恶搞的灰色童谣，由此部分有识之士发出"拯救童谣"的疾呼。

本园有近一半教师是音乐专业毕业，谱曲方面有一定的理论基础。另外，本园地处城乡接合部，有利于搜集民间童谣。所以在积极提倡发扬中华民间文化艺术的今天，本园将以童谣为载体，通过对童谣的搜集、创编、谱曲、实践等一系列方式，让童谣进驻我们的心田，从而传承中华民族的美德，学会欣赏美、感受美、表现美。

二、研究目标

（1）通过传唱童谣，幼儿在潜移默化中增长知识、拓展经验，同时满足其精神文化需求，陶冶性情，快乐成长。

（2）通过对童谣的搜集、分类、谱曲及与五大领域相整合应用于教学活动等一系列方式，提升教师的专业素养，引领教师专业成长。

（3）通过在活动前开展选择童谣的研讨，经过教学活动的验证，分析童谣素材的适宜性，选择适合幼儿园各年龄段教学活动的童谣素材，编写出适合本园园情、具有地方文化特色的童谣集，充实本园的园本教材。

（4）形成鲜明的办园特色，实现以特色带动幼儿园工作全面发展的目标。

三、研究内容

（1）通过各种渠道征集各类童谣，选择适合幼儿传唱的童谣类型。

（2）对幼儿园创设童谣环境进行研究，通过童谣环境的创设，幼儿耳濡目染，激发幼儿吟诵童谣的兴趣。

（3）对搜集来的童谣进行适宜地修改和谱曲，把童谣吟诵得有形、有声、有情、有意，并以"说、唱、演、画、玩、用"等形式，把礼仪、文明、健康、快乐融合在童谣活动中。

图1 相关年龄段幼儿的童谣资料

（4）对适合幼儿园各年龄段教学活动童谣素材选择的研究，通过在活动前开展选择童谣的研讨，经过教学活动的验证，分析童谣素材的适宜性，选择适合幼儿园教学活动的童谣素材，编写出适合本园园情、具有地方文化特色的童谣集，充实本园的园本教材。

（5）让童谣在幼儿园中普及，并走进家庭、社会。其中，家庭、社会是幼儿学习、生活、成长的重要基地。通过洋溢着浓浓的乡情、乡趣、乡音的童谣，勾起家长对家乡文化的反思，让他们也积极投入搜集、发掘童谣文化的活动中。在课题结束阶段，总结童谣系列活动对促进幼儿多元发展的积极作用。

（6）在进行系列活动时积累资料，逐步完善园本化童谣课程，精编童谣集，加速教师专业化成长。

四、研究人员及分工

本课题由园长全面负责，保教处、年级组、教研组及园骨干教师共同参与。具体分工如下：

黄志静：负责课题各项安排统筹及管理工作；

候雯、马秀芳：负责课题的方案和工作总结的撰写；

毛秀梅、范莹、胡清：负责资料的收集整理；

仇泽萍、符仁芳、于雯琪、李晓宇：负责课程实施的具体工作；

胡沁、薛莹莹、张卉：负责研究课题的实施、童谣创编谱曲。

五、研究方法

本课题的核心方法为行动研究法，同时伴以文献研究法、调查研究法及经验总结法。

（一）文献研究法

通过查阅文献，了解同类课题研究的现状，为本课题研究提供借鉴方法并奠定基础。

（二）行动研究法

运用行动研究探索童谣怎样有效地渗透在幼儿园一日生活与集教活动中，促进幼儿语言、情感、能力的和谐发展。根据研究中遇到的具体情况，边实践、边探索、边修改，推进课题研究顺利而有效地开展。

（三）调查研究法

有目的、有计划地搜集有关研究对象的现实状况与历史状况的材料，借以发现问题、探索问题，探索教育技术规律，开展教育技术研究的方法。

我们采用了多种方法进行调查。

1. 访问调查

教师（调查者）与幼儿（调查对象）面对面地谈话，教师收集口述材料，如幼儿喜欢念的童谣调查情况等。

2. 问卷调查

在幼儿园素质开放周邀请家长观摩以"童谣"为主题的教学活动。教师通过反馈表搜集家长对我园童谣活动开展的认识和建议，收集笔答资料。

3. 经验总结法

本园将会定期召开阶段性会议，有计划地对课题实施过程进行分析、研究，并及时调整完善研究中的各项操作，收集阶段研究的活动方案，积累材料，总结研究经验，最后以论文的形式对教师教研的情况形成研究成果。

六、实施措施

（一）认真制订方案，规范课题管理

计划是顺利进行科学研究的保证。我们根据课题的总规划在每学期开学时先制订出课题组研究的计划，教研组在课题组计划的基础上制订出本学期的教研计划，年级组在课题组计划的基础上制订出本学期教育教学计划。计划的制订最终要落实在具体的实践活动中，我们尤其重视计划的落实情况，定期对教研组、年级组的课题研究情况进行讨论、活动展示、评析，将存在的问题提出来，大家共同商讨解决的方法。最后要求教师每月写一篇经验总结，反思前一阶段的研究工作，并明确下一步的研究方向和内容。

（二）园本童谣的开发与运用研究

1. 童谣开发的研究步骤

（1）搜集

童谣没有具体的文献资料，也没有完整详细的书册，大多是口耳相传。为了更好地搜集童谣，我们除了向社会广泛征集，也走入民间，尤其是深入乡村、郊区等地搜集富有本土特色的童谣。

（2）筛选

我们根据幼儿的生活经历和身心发展特点选择贴近幼儿生活实际的，融知识性、趣味性、审美性于一体的童谣。

童谣与课程整合要考虑多方面的因素，首先，要选择适合与集体教学活动整合的童谣。运用幼儿心理学和幼儿语言发展的规律，深入分析幼儿园各年龄段幼儿的心理发展水平，了解各年龄班幼儿的语言发展水平。其次，从搜集的童谣中筛选适合相关年龄段幼儿的童谣。在每一次活动前，各年级组教师进行童谣适合性的反思讨论，通过对幼儿语言水平和所选童谣蕴含的各要素的分析，确保童谣与集体教学活动整合的可实践性与适合性。最后，活动后进行深入讨论和分析，总结童谣与集体教学活动整合的成功之处与不足之处，从而验证童谣在幼儿园各年龄段的适合情况，总结出选择适合幼儿园各年龄段教学活动的童谣素材的原则和活动经验。

①结合幼儿的身心发育特点、兴趣选择童谣。

不同年龄阶段的幼儿语言学习水平是不一样的，身心发育特点、兴趣也有所不同。我们在选择童谣时，应充分考虑幼儿的接受能力和理解能力，同时关注幼儿的兴趣。活动前应该了解各年龄段幼儿的"最近发展区"，根据不同年龄阶段选择不同的童谣，即根据幼儿的年龄特点和心理发育水平考虑童谣的适合程度。

小班幼儿理解能力差，注意力集中时间短，喜欢重复，我们可以选择那些短小易记、语言生动、形象性强的童谣，如《排排坐吃果果》《小老鼠上灯台》等，以利于幼儿感受、理解和表现。中班幼儿对事物的理解能力有所增强，视野的拓展使得他们的思维和想象力都有所发展，我们可以选择一些贴近幼儿生活实际、内容丰富的童谣，如《蜗牛出门》《红绿灯》等，更好地促进幼儿语言能力的发展，丰富他们的想象力。大班幼儿理解能力进一步增强，注意力更加集中，我们可以选择绕口令、谜语或长句式的民间童谣，如《瓜儿谣》《鹅过河》等，更好地促进幼儿的发展。同时，大班童谣活动的内容应该能让幼儿多方位感知生活的美，能大胆地用唱歌、舞蹈、戏剧表演、角色游戏等形式表达自己的感受。

②结合幼儿园集体教学活动组织的特点选择童谣。

幼儿园活动应能有效引发积极的师生互动和幼儿互动，充分发挥幼儿的思维和智慧，调动幼儿的主体参与性和积极性。因此，幼儿园童谣活动应该结合童谣的具体特色，发挥活动的效果。如本园大班组选择的《颠倒歌》是一首极富民间特色的童谣，把幼儿已经认知的事物往反了说，考验幼儿的逻辑思维与反应能力。教学实践证明，该童谣符合大班幼儿爱挑战的心理，很容易在教学活动中引起互动反应。

③结合童谣蕴含的寓意及思想选择童谣。

童谣的历史可以追溯到2000多年前的战国时期，其内容之丰富早就引起了中外学术界的广泛注意。在漫漫历史长河里，童谣在每个时期都有各自的特点，其蕴含的寓意与思想也有着明显的时代特色。在选择童谣时，教师要考虑到童谣的思想是否是积极向上、健康育人的，是否符合我们的时代特征，是否能促进幼儿良好道德品质的养成。

④结合童谣的特点选择童谣。

童谣篇幅短小，却童趣盎然，富有节奏、声韵的美感。其内容贴近幼儿的现实生活，语言符合幼儿的朗诵特点，便于幼儿吟诵与理解，并使幼儿在潜移默化中逐渐增长知识，扩大生活经验，陶冶优雅性情，提高文学素养。童谣活动应该充分利用这些特质，以增强活动效果。

（3）谱曲

本园近半数的教师为音乐专职教师，在谱曲方面有一定的基础；此外，本园还聘请安师大的王安潮教授针对"怎样给童谣谱曲"做专场培训。教师在谱曲方面有了理论指导，并经过多次编曲实践，得出了以下经验总结：

①根据童谣名称进行谱曲。

因为大多数童谣的名称就能反映歌曲想表达的情感，根据情感可以很直观地确定童谣的风格。

②根据童谣内容进行谱曲。

领会词义和思想感情。我们先把童谣读几遍，从中体会词义的思想感情，体会童谣创作者创作时的内心世界（词的情感也就是曲的情感）。同时，我们也在词的情感间确立了歌曲的基调（比如大小调等）。

③ 根据童谣结构进行谱曲。

童谣词句的结构划分决定了曲的曲式结构。在词句中划分节奏，这一点要靠我们平时多练、多研究、多听，积累了经验后，才能设计得更好。

④ 小节划分与高潮部分的旋律设计。

把一首童谣划分成几个音乐小节，一方面是给歌曲的意境进行区分，另一方面是为了在小节与小节中加上间奏部分，让歌曲节奏更丰富。童谣歌曲的高潮是整首歌曲中情感部分的最大体现，也是童谣中让人最容易记忆和传唱的部分。

因为童谣教学是针对小、中、大班的幼儿开展的，所以在给童谣谱曲的过程中要注意很多事项。比如，小班的童谣中不宜出现十六分音符、附点节奏型和空拍，中班的童谣中可以出现顿音、空拍和附点节奏型，大班的童谣可以出现密集节奏型或弱起节奏等。

⑤ 设计童谣音乐主题。

音乐主题是音乐的呈现部分。在大型的乐曲里，有时一个乐段就是一个音乐主题。而在我们的童谣歌曲里面，一般将歌曲的前一个乐句作为歌曲的主题。音乐主题就像一颗种子，种子的好坏决定着最后是否能成长成大树。所以，每一首好的童谣作品都是由一个好的音乐主题发展出来的。

⑥ 音调重合与顺畅。

如果音调重合就会显得整首歌曲的节奏吻合。至于顺畅，也就是让曲子在人听和唱时都感到很舒服。假如有的曲子不顺畅的话，对于演唱和欣赏的人来说都很有难度。

⑦ 发展主题，完成童谣作曲。

我们设计好了童谣中的音乐主题后，就根据这个主题去发展，最后发展成为一首完整的童谣作品。在编曲过程中，我们根据幼儿不同年龄段避开童谣作品中不宜出现的一些问题，如较难的节奏型、不协和的音符等。

2. 童谣运用研究步骤

（1）教师层面

① 童谣与幼儿园集体教学活动整合的方式方法研究。

第一，活动前奏，童谣导入。

好的开始是学习活动成功的重要前提。由于童谣具有不同于一般语言形式的形式和节奏，它朗朗上口的特点，很容易引发幼儿的兴趣，特别是谜语式童谣的探索形式更容易调动幼儿的情绪。因此，把童谣作为活动开始的前奏时，更容易让幼儿积极地开动脑筋，更快进入教师预设的活动氛围中，便于活动的顺利开展。在大班的美术活动"丹顶鹤"中的导入部分，教师借用了谜语式童谣"腿儿长长，个头高高，头上戴顶小红帽。走在田埂上，好像踩高跷"，引导幼儿通过简短的文字来猜出谜底。幼儿对于此类谜语很感兴趣，在理解童谣内容时，也对丹顶鹤的特征进行了巩固，对后面的幼儿创作起到了良好的铺垫作用。

第二，活动中心，童谣巩固。

运用童谣不仅利于幼儿的理解和操作，也可以让活动主题更鲜明。在需要幼儿实践操作的活动时，童谣的重复出现还可以帮助幼儿理解操作技巧，提高表达技能。

在中班数学活动中，通过童谣"1像铅笔细又长，2像小鸭水上漂，3像耳朵听声音，4像小旗随风飘，5像衣钩挂衣帽，6像豆芽咧嘴笑，7像镰刀割青草，8像麻花拧一道，9像勺子能盛饭，0像鸡蛋做蛋糕"，让幼儿形象地认识了各个数字，给予其"立体展现"。

第三，活动结束，童谣小结。

活动的结束阶段也是不可忽视的环节。好的结尾应帮助幼儿系统梳理整个活动的内容，让幼儿感到活动圆满结束却又因恋恋不舍而回味无穷。而童谣的适当运用不仅形象生动，还可以达到这样的效果。

在小班的社会活动"香甜的西瓜"结束后，教师在孩子们分享品尝西瓜时，念出"西瓜大，西瓜圆，绿皮红瓤味道甜，"帮助幼儿提升对西瓜的认识。

当然，在集体教学活动中，童谣既可以在活动开始时出现，也可以在中间或结尾时出现，更可以根据需要随时使用，使活动取得更好的效果。

第四，将童谣融入游戏活动之中。

《幼儿园教育指导纲要》指出："幼儿园的教育活动，是有目的、有计划地引导幼儿生动、活泼、主动活动的、多种形式的教育过程。"幼儿园的活动多种多样，其中游戏化教学是幼儿园集体教学活动中的重点。童谣的传播在很大程度上也是通过游戏方式实现的，我们可以通过童谣的游戏化激发幼儿的学习兴趣。

例如童谣《拉大锯，扯大锯》，其内容很适合幼儿学说："拉大锯，扯大锯。锯木头，盖房子。姥姥家，唱大戏。接姑娘，请女婿，小外甥儿你也去，大家一起去看戏。"随着幼儿们两两相对、双手相握、前后摇摆、边玩边学，一首童谣就学会了。又如在"请你猜猜在哪头"的活动中，通过童谣"公鸡头，母鸡头，请你猜猜在哪头。在这头，在那头，黄豆黄豆在哪头"设计游戏，让幼儿边念童谣边玩猜豆游戏。在幼儿对这一游戏的玩法已经熟悉的基础上，进一步引导幼儿对其进行创新，提供一些随手可得的材料，如绿豆、扁豆、小石子等，既能让幼儿创编童谣，又能激发幼儿的创造力。

② 童谣和园本教研活动相结合——集体备课。

第一，每1—2周开展一次教师集体备课（讨论）活动。

第二，组长或主讲人精心准备，确定备课任务。在集中前安排组内某位教师进行某一指定内容的教学设计方案的构思。

第三，组长召集组员集中研讨活动，每位组员各抒己见、交流观点，并对各位组员构思的教学设计方案进行讨论、评价、取舍，然后初步定稿。

第四，在讨论会后，由组长或指定的教师按照讨论的结果撰写教学设计方案，以电子文稿的形式供组内教师使用。

图2　集体备课

第五，教师进行个人二次备课，即每一位教师根据自己班幼儿的实际以及自己的教学风格对教案进行处理。

第六，下次集体备课时间再具体针对使用中存在的问题进行反思、修改、评价。

第七，定稿，由组长统一整理、汇册。

第八，组长确定下一阶段的备课任务与主讲人。

③ 童谣和园本教研活动相结合——同课异构。

同课异构的真正意义在于关注教师成长的过程。教师选用同一教学内容，根据幼儿实际、现有教学条件和自身特点，进行不同的教学设计，各显风采，各具特色，为集体研讨提供更好的研究平台。

我园现行同课异构活动主要以"同一主题，同一年龄段的同课异构"和"同一主题，不同年龄段的同课异构"为主。其中，"同一主题，同一年龄段的同课异构"主要在年级组内进行。由年级组长组织选定主题后，查阅相关资料，教师个人备课、试教、研讨、修改教案、再次试教。

图3　童谣和园本教研活动的相关资料

对于"同一主题，不同年龄段的同课异构"，则以教研组组织展开。教研组长组织选定主题后，查阅相关资料，分年级组集体备课。每个年级组选定一位中心研究人，进行意见的整理、汇总。然后三个年级组在同一时段分别试教后，由教研组长组织研讨，分析同一主题在不同年龄段的目标定位、方法运用等。最后，确定本园园本精品教案，汇编成册。

④ 以童谣为体裁的"教师教学大练兵"活动的开展。

教育大计，教师为本。教育质量的优劣从根本上取决于教师队伍的素质。应以发展作为教师成长的动力，以童谣研究作为教师成长的平台，全面提高教师的业务素质。锦苑实验幼儿园每学期开展优质课评比活动，教师根据园本课题"童谣"设计了多种多样的教学活动，运用独特的教学方法和方式，让

图4　多种多样的童谣教学活动

幼儿在探索中发现，在情境中体验，在轻松快乐的氛围中学习，不断寻找自身教学特色。

⑤ 教师诵童谣大赛。

2015年6月25日，锦苑实验幼儿园语言教研组结合《儿童学习与发展指南》举行了一场园本诵童谣比赛。教师按照幼儿的兴趣选择唱童谣、诵童谣等内容进行比赛。活动中，唱童谣的教师大胆自信地展示着自己喜欢的童谣歌曲，诵童谣的教师则诵读朗朗上口的童谣，他们还加上相应的动作进行表演呢！还有的教师为大家带来了手指童谣和身体童谣，内容丰富，精彩纷呈。

（2）幼儿层面

《幼儿园教育指导纲要》指出："儿童是独立的、发展中的个体。只有在自主活动的过程中，儿童才能充分体验自身的存在与价值，更好地获得发展。"因此，在学习童谣的过程中，不仅要让幼儿在游戏中学，还要充分发挥他们的主体性，让他们积极参与、主动探讨。

① 集体活动。

在童谣融入幼儿园集体教学活动的实践中，我们用幼儿乐于接受的方式，将童谣渗透到五大领域里。例如，在语言活动中，孩子们学习童谣；在音乐活动中，孩子们唱童谣；在美术活动中，孩子们画童谣。

② 日常活动。

如童谣《八只小狗抬花轿》，我们利用晨间锻炼或户外活动时间，以游戏的形式展开；童谣《门口》，利用排队的时候对幼儿进行规则意识的教育；童谣《上下楼梯》，教育幼儿在上下楼梯的时候注意安全；童谣《不挑食》，让幼儿在每次进餐前唱起来，对幼儿养成良好的进餐习惯很有帮助。将童谣渗透在幼儿的一日生活中，幼儿将朗朗上口的童谣和当下情景、游戏相结合，利用参与游戏的需要，以及对童谣的好奇和兴趣，在游戏的过程中边欣赏、边学习、边理解。这样没有压力的活动，完全是幼儿主动参与的过程。

③ 区角活动。

在集体活动中，幼儿们学习了很多童谣。但如果单一地学习童谣，和现代幼儿教育理念不符，也不符合幼儿的兴趣爱好。所以，班级开辟语言角，在学习了一首童谣后，通过个别化学习区域环境的创设，让幼儿在游戏中巩固童谣，达到在学中玩、在玩中学的目的。如童谣《从前有座山》，由于幼儿年龄小，对物体大小的空间感觉差，致使童谣次序混淆、掌握速度慢。针对这一情况，在语言区中，教师制作了一套操作材料帮助幼儿学习，把童谣的内容按次序画在纸上，并按一个比一个小的次序放在纸袋中。幼儿一边在纸袋上抽出图片，一边读儿歌。果然，幼儿很快地掌握了童谣的内容及大小次序，而且兴趣浓厚，收到了意想不到的教学效果。

④"锦苑正在听"幼儿唱童谣大赛。

为丰富幼儿的业余生活，提高艺术修养，努力营造积极向上、多姿多彩的文化氛围，同时为幼儿提供一个展示自我风采的机会和舞台。结合童谣课题，我园举行"锦苑正在听"童谣新唱大赛。幼儿们落落大方的姿态，颇具小歌星的风范，把一首首童谣活灵活现地演绎出来。

图5　幼儿唱童谣大赛

（3）家园层面

①童谣文化节的开展。

2014年4月24日，锦苑实验幼儿园首届童谣文化节在柏庄儿童王国成功开幕。开幕式上，每个年级都准备了丰富的童谣表演，如小班的"童谣响板诵"，中班的"童谣情景剧"，大班的"童谣联唱"。除此之处，每个年级还进行了精彩的亲子童谣表演。2015年4月，锦苑实验幼儿园第二届童谣文化节开幕，以"亲子方言诵童谣PK赛"作为开幕式主题。

图6　童谣文化节

②"童谣猜猜猜"庆六一游园活动。

2014年六一游园会的项目之一就是和园本课题相结合的"童谣猜猜猜"。教室外面挂满了灯笼，灯笼下面

图7　"童谣猜猜猜"庆六一游园活动

挂的都是一个个幼儿们学过的童谣。幼儿在家长的陪同下猜出童谣的名称。通过这样的活动让家长和幼儿能熟知更多的童谣，将童谣种进每个人的心中。

③ 亲子方言诵童谣PK赛。

为了让小朋友们更好地了解童谣、喜欢童谣，本园于2015年4月24日开展了"亲子方言诵童谣PK赛"决赛。活动会场，锦苑总园、沈巷分园的参赛家庭汇聚一堂，他们皆通过海选层层选拔出来，在这次比赛中熟练使用各地方言将中华童谣一一讲述，吐字清晰，语调抑扬顿挫，肢体动作夸张生动。幼儿有的将童谣变成吴侬软语的越剧，有的将童谣变成一段精彩的故事表演。一首首方言童谣演绎出质朴的乡情，更将幼儿们天真烂漫的一面呈现出来。

（三）专家引领为课题研究提供理论和实践保

1. 开展理论讲座

为了使课题研究健康深入发展，本园曾多次邀请身边的专家来园指导。2013年4月7日，本园特邀芜湖教科所孔立新老师来为课题组的教师们进行专题讲座。孔老师从课题研究的意义背景、基本方法、范式，以及一线教师如何做好课题研究等几方面进行了全面指导。同时，孔老师还结合课题实例进行讲

图8 专家引领 开展理论讲座

述，提出了要做真实的研究，要让教师把自己的想法、收获真实地呈现出来，只有这样才能让课题研究变有意义、有思想。2013年6月17日，本园邀请中央音乐学院博士后、硕士生导师王安潮教授，对全体教师进行了关于童谣课题开展理念的知识讲座。王教授对本园课题的立项申请书给予了肯定，也提出了上升理论层次、加强思辨研究的宝贵建议，并向大家介绍了如何加强行动研究计划、童谣谱曲创编的方法、各类资料如何总结提炼等，特别是对加强皖南地区民间童谣文化的搜集、进行论文创作的情况，给予了教师直接而有针对性的帮助，让教师受益匪浅。

2. 开展省、市、区级童谣观摩课

2014年3月17日，本园承办芜湖市"陈东菊名园长工作室"活动，毛秀梅老

师开展了童谣音乐综合活动"会走的花"；2014年11月11日，本园接待2014国培"新建园园长班"，韩美老师开展了童谣语言活动"小伞花"；2014年11月17日，本园又迎来了2014国培"骨干园长班"的影子培训班，潘晨老师开展了童谣音乐活动"小鸟"；2014年12月12日，本园接待安徽师范大学"转岗教

图9 开展省市区级童谣观摩课

师"国培班，胡清老师开展了童谣音乐活动"蛤蟆爷爷的秘诀"。每一次的观摩课，专家教师都对本园开展的园本童谣活动给予了高度的赞扬，并提出宝贵的意见和建议，让青年教师受益匪浅，加速了本园教师的专业化发展。

七、课题研究成效显著

三年来，《以创编童谣为依托，促进师生共同发展的行动研究》课题的研究为本园的教科研究带来了生机与活力，加速了教师的专业化成长，同时也促进了幼儿素质的全面提高，为特色办园打下了坚实的基础。主要收获如下。

（一）对教师发展的影响

教师专业化成长是现代教育改革与发展的客观要求，也是教师自我生存与发展的内在要求。其真正意义上的教师发展源自教师自身的课堂教学经验，及其对于经验的不断总结、反思。

1.提高了教师制定教学目标的能力

教学目标作为规定教学活动方向的重要指标体系，既是评价教学的标准，又是教学活动的出发点和归宿，能够指导教师进行教学方法选择、引导幼儿学习活动的能力。因此，确立合理、良好的教学目标是教学设计最重要的任务之一。由此可见，目标制定的合适与否，很大程度上左右了教师的整个教学思路以及活动的最终效果。在做童谣课题的过程中，大多数没有现成的教案可以参考，就是通过不断的教研、集体备课、同课异构、现场教学等方式不断地摸索前进。这样，通过学习、分析、探讨，大大提高了教师制定教学目标的能力。

2. 提高了教师运用教学方法的能力

《幼儿园教育指导纲要（试行）》中明确提出："要满足幼儿多方面发展的需要，使每个幼儿都能得到发展，关注个别差异，促进每个幼儿富有个性的发展。"所有这一切不仅提醒我们教育内容要全面，而且也提醒我们教育方法要适宜。所以在教师进行教学设计的时候，教什么和怎样教是广大教师最为关注的问题。而"怎样教"的问题则表现在对教学方法与手段的选择上，这也是教师们最难把握的问题，如怎样导入、怎样激发幼儿的学习兴趣、怎样突破重难点等。通过同课异构教学实验研究的开展，教师在选择教材、分析教材的同时，要考虑如何开展活动、如何选择合适的教学方法创设宽松自由的环境、如何从幼儿的兴趣和需要出发，使幼儿在轻松、愉快的氛围中主动参与活动。

3. 提高了教师教学反思的能力

孔子曰："学而不思则罔，思而不学则殆。"教学反思是提高教师自身素质和教育教学水平的重要途径。反思是教师以自己的教育教学活动为思考对象，对自己所作出的工作行为、决策及由此产生的结果进行的审视和分析。反思的本质在于发现问题和解决问题，从而进一步激发教师的责任心，使教师在不断改进教育教学行为的过程中，把自己的教育教学实践提升到新的高度。

在童谣与集体教学的整合研究过程中，我们深入钻研教材，设计教学，充分备课，然后试教。课后和大家一起评价讨论，找出需要完善的地方，其他教师根据自己的实际情况再设计上课。这样，使教师从不同角度领略了不同的教学风格，从内心深处认识到自己的不足，并找到下一步努力的方向。这样的研究氛围，极大地鼓舞了教师教学研究的热情。每次课后，大家都急着反思，听取别人的意见、评价，进行研讨，为下一位教师讲好课再一次进行教学设计。这样的反思，是积极的反思、有益的反思、创造性的反思，使每位教师在实践中有了更多向别人学习和全面审视自己教学的机会，使每位教师都成为教学研究的主体，同时也增进了同组教师间相互协作的感情，受到了教师由衷的支持。

（二）对幼儿成长的影响

《幼儿园教育指导纲要》中指出："引导幼儿接触优秀的儿童文学作品，使之感受语言的丰富和优美，并通过多种活动帮助幼儿加深对作品的体验和理解。"童谣作为儿童文学的一个分类，是幼儿教育中一个独特性的领域。童谣除了能促进幼儿增长知识、启发智慧、激发想象、培养品德、陶冶情趣外，也有不少是随着游戏趣韵而作的，起到统一游戏动作的作用。童谣的作用是其他文学作品不可替代的，这主要是因为童谣具有鲜明的民族特点和地方特点，娱乐性强，开展不受时间、空间、地点、材料的限制，易于继承和发展。

1. 激发幼儿参与活动的兴趣

童谣是幼儿喜闻乐唱的，也是最好的教育方式，能在浅显易懂的词句中让幼儿感受最朴素、最深刻的教育。游戏是幼儿生活的组成部分，也是幼儿最基本、最喜欢的活动，具有浓厚的趣味性，符合幼儿好奇、好动的特点。在教学中把童谣与游戏相结合，幼儿易接受，且随时随地自由结合，在念念有词中常常不用任何道具就能玩得很开心，激发幼儿的学习兴趣。例如童谣《切西瓜》，幼儿围成一个大西瓜的形状，根据童谣有节奏地进行"切西瓜"，边玩边学边念童谣。又如在跳橡皮筋的游戏时，我们让幼儿一边跳，一边朗诵童谣："马兰花，马兰花，风吹雨打都不怕。勤劳的人在说话，请你马上就开花。"由于以游戏贯穿整个活动，幼儿兴趣盎然，持续的时间比较长，有利于让幼儿在玩中学、在学中玩。

2. 提高幼儿的语言表达能力

童谣的声韵自然活泼，歌词口语化，语言生动，结构简单，句式简短，朗朗上口，十分符合幼儿生理、心理的特点，极适于幼儿诵念传唱。所以，幼儿诵念传唱了童谣，学话又快又准，思维敏捷，口齿伶俐，能言善辩。可以说，童谣是培养幼儿口语能力的最佳教材。经常传唱民间童谣，必定能培养幼儿的语言表达能力。幼儿通过长期多形式、多途径的欣赏、视听、朗诵、游戏、表演这些朗朗上口的童谣，例如《马兰花》《推磨磨》《金锁银锁》《摇呀摇》等，使得口齿更清楚了，发音更准确了。通过反复传唱，不但可以帮助幼儿学习语言，也能提高他们的表达能力。幼儿能更安静、更专注地倾听别人讲话，并作出相应的回应，乐于与人交谈，清楚地讲述自己的经验和需要。

3. 发展幼儿的逻辑思维能力

幼儿阶段是一个人智力和逻辑思维能力高速发展的时期，同时也是发展逻辑思维能力的最佳时期。有些童谣具有完整的逻辑思维结构，蕴含丰富的知识内涵，对开发幼儿的智力很有帮助。比如数学中有些比较抽象的知识幼儿不太容易理解，将童谣引入教学中，化繁为简，变抽象为形象，可以帮助幼儿加深理解，巩固记忆。例如民间游戏"荷花、荷花几时开"中的童谣："荷花荷花几时开？"（一月开）/"一月不开几时开？"（二月开）/二月不开几时开？"（三月开）/"三月不开几时开？"（四月开）/"四月不开几时开？"（五月开）/"五月不开几时开？"（六月荷花朵朵开）。这首童谣以一问一答的形式进行，不但训练幼儿的反应能力，又使幼儿明白了月份的排列顺序和荷花的开放时间，让幼儿的逻辑思维能力得到了很好的发展，同时又快又好地学习了不少常识。

4. 培养幼儿良好的行为习惯

在幼儿教育中，其最关键的是对幼儿进行养成教育，即培养幼儿良好的行为习惯，对促进幼儿身心健康发展非常重要。通过童谣的传唱，告诉孩子什么是好、什么是不好、应该怎样做、不应该怎样做。例如童谣《上下楼梯》："一二三四五六七，小朋友们上楼梯。靠右行，不拥挤，一个一个有秩序。七六五四三二一，小朋友们下楼梯。手扶把杆不着急，一级一级走下去。上楼梯，下楼梯，注意安全要牢记。"再如童谣《过马路要注意》："小朋友，过马路，要走黑白斑马道。一看二慢三通过，红灯绿灯看仔细。红灯停，绿灯行，不要猛跑和急行。安全最重要，我们时刻要牢记。"通过反复传唱，让幼儿们在潜移默化中规范自己的行为，形成良好的习惯。

5. 丰富和发展幼儿的想象力

爱因斯坦强调说，"想象力比知识更重要"。创造力是以想象为基础的，特别是文学语言具有很多的想象因素。有了想象这一味调料，才能创造出更美的语言。对幼儿进行启蒙教育，首先要进行创造力的教育。童谣往往展开大胆的想象，使幼儿张开想象的翅膀。例如童谣《云》："蓝天蓝，像大海。白云白，像帆船。云在天上走，好像海里漂帆船。帆船，帆船，你装的是什么？走得这样慢。不装鱼，不装虾，装的都是小雨点。雨点，雨点，请你快下来，帮我浇菜园。"像这样的童谣，对提高幼儿的创造力是大有裨益的。我们抓住童谣简单易懂的特点，让幼儿充分表达自己的所想、所感，想怎么说就怎么说，为幼儿想象能力的发展提供扩展的空间。

（三）初步形成我园的园本教材

经过三年多的实践探索与研究，通过教师的创作、改编、整合等，初步形成童谣集三册（小、中、大）。每一册童谣集分童趣篇、认知篇、行为习惯篇、情感篇，共形成小班童谣73首、中班童谣59首、大班童谣64首；形成童谣谱曲集三册（小、中、大），小班童谣曲谱73首、中班童谣曲谱59首、大班童谣曲谱64首；形成童谣教案集三册（小、中、大）；形成精品教案60多篇；形成论文集一册（收录论文21篇）及童谣影像资料，初步形成了我园的园本教材。

图10 园本教材

八、我们的思考

根据课题申报书预期研究的目标，经过三年多的努力，我园已经顺利达成目标。但《以创编童谣为依托，促进师生共同发展的行动研究》内涵较深，涉及面较广，我们的研究只是沧海一粟。在接下来的工作中，我们会把研究成果作为幼儿活动的重要组成部分。要想让课题纵深研究，需要一个漫长、复杂的过程，需要教师阅读大量的书籍，以此提高教师的理论基础，从而让教科研究成为推动幼儿园向前发展的重要支柱。

（黄志静）

主体交互视角下幼儿园活动模式的研究

　　《主体交互视角下幼儿园活动模式的研究》是芜湖市2015年度教育科学规划课题（课题审批文件文号：芜教研〔2015〕15号）。自2014年6月准备开题至今，历时近两年半。研究期间，幼儿园立足园所、教师、幼儿的发展实际，全园上下踏实开展实践研究。以课题引领园本特色，构建园所文化，最终完成预定的研究任务。

一、课题的核心概念及其界定

1. 交互

　　交互或互动是一个社会心理学的概念。"互"是交替、交互、相互。交互，即相互作用或相互影响，存在于物与物之间、人与人之间及人与物（环境）之间。心理学关注的是人与人之间的互动（人际互动）和人与环境的互动。

　　主体交互指人们在交往活动过程中，主体之间所表现出来的主体性、互动性与统一性。在本课题的研究中，主体包括幼儿、教师、家庭、社会等。主体根据活动内容、活动需要，不断进行变化。

2. 活动模式

　　活动是由共同目的联合起来，并完成一定社会职能的动作的总和。活动由目的、动机和动作构成，具有完整的结构系统。在本课题研究中，活动指有目的、有计划、非个别班级师生参与的，具有一定规模的活动模式。《辞海》中，活动模式解释为事物的标准样式。在本课题研究中，活动模式是一种参考模型、范式。

21

3. 幼儿园活动模式

指在一定的活动理论的指导下，通过实践的验证建立起来的一种幼儿园活动模式。

二、课题研究的背景、目的

1. 课题提出的背景

当今社会，无论大小幼儿园都比较注重各样活动的开展，都具有一定的策划和组织活动的能力。打开网页，大量的活动策划案就会扑面而来。活动的开展是培养和锻炼幼儿综合能力的一个平台，是一个让幼儿接触社会的"演练场地"，是促进教师专业化发展的阶梯，同时也是促进家园交流合作的平台。

我园是一所较年轻的幼儿园，教学活动占有重要位置。2012—2013年度，我园共开展活动近40场；2013—2014年度，共开展活动近60场；2014—2015年度，共开展活动近70场。活动的场数虽然多，但是效果却微乎其微。到底什么样的活动才有意义，才能真正实现幼儿发展和教师发展的双赢？带着这样的疑问，我们着手开展课题研究，重新审视、整合、提炼、促进我园活动的开展。

2. 课题研究的目的

本课题的研究着重于在主体交互作用下，通过建立一定的活动模式，提高一线教师理论水平以及合作能力和反思能力。促进研究者理论联系实际的能力，促进教师专业发展；促进幼儿整体素质的提升；综合展示幼儿园教育特色与成果；加强幼儿园与家长及社会的沟通，促进交流，获得理解与支持。同时，将活动开展的内容、形式（即途径）与具体的一些操作方法汇编成册，进一步补充我园的园本教材。

三、课题研究的理论基础

1. 交互主体理论

代表人物：胡塞尔。

交互主体性在认识论上超越了传统认识论的主体和客体的"二元"对立，有利于消解教育中主体中心和主客对立的现象，达到主体与主体、主体与客体的互动、交流、沟通。各个主体之间由单一向度的交往转向双向度的对话与沟通，从而达成对某一共同体的共同领悟或视界融合。

2. 教育中的活动理论

（1）活动中心的课程理论。

代表人物：杜威及其学生克伯屈。

观点：一切知识、经验是在人与环境相互作用的过程中得来的，是通过活动获得的。

（2）历史文化学派的活动理论。

代表人物：维果茨基、列昂节夫、鲁利亚。

观点：人的思维与智力是在活动中发展起来的，是各种活动、社会性相互作用、不断内化的结果。这种社会性的相互作用，对发展起形成性的作用。人的高级心理机能是在与社会的交互作用中发展起来的，或者说人的高级心理活动起源于社会的交互作用。

（3）建构主义理论。

代表人物：皮亚杰。

观点：活动是行动与心理的统一，认识的建立（知识的获得）是一个由主体与外部世界不断相互作用而逐渐形成的结构的集合，即图示、同化、顺应、平衡的活动过程。

四、课题研究的目标、内容

1. 研究目标

通过活动模式的构建，建立总、分园教师互信、互惠的学习共同体，打造一批综合能力突出的专业教师；促进幼儿整体素质的提升；紧密家园合作，优化家园共育；提升我园的办园水平。

2. 研究内容

（1）促进我园文化建设，打造我园特色建设的活动模式。

（2）发掘新的活动内容与形式，形成我园特色活动体系。

（3）开展交互式活动操作要领的研究。

五、课题研究的方法

本课题研究属于行动研究，在不同的研究阶段根据需要选用文献法、行动研究法、调查法、访谈法、经验总结法、案例研究等方法。预计研究两年。

1. 文献法

教师广泛搜集相关理论书刊，关注近期研究成果，为本课题研究提供充实可靠的理论依据。

2. 行动研究法

通过各种交互活动的实践研究，探索活动开展的方法，梳理什么样的交互活动更具有价值，最终形成我园的活动模式。

3. 调查研究法

在课题研究过程中，教师通过问卷调查、访谈等方法，了解、搜集开展活动的意见和建议，为本课题研究提供充足的事实依据。

4. 案例研究法

通过具体活动案例的研究，教师总结开展交互活动的方法。

5. 经验总结法

教师总结以往开展的交互活动，分析反思，去其糟粕，取其精华。并在课题研究过程中进行阶段性回顾，总结研究工作，适时调整方案，形成经验总结，上升到理论层面，推广其研究成果。

六、课题研究的过程及措施

（一）课题研究过程

1. 准备阶段（2014.6 ~ 2015.9）

总结自开园以来我园开展的各项活动，并进行分类、提炼。通过查阅法等形式对研究现状进行摸底了解与分析，确立方案的可行性。

2. 实施阶段（2015.9 ~ 2016.6）

确定实施方案。通过问卷调查、案例研究、经验总结、访谈等方法，采用实际多方位观察、积累、分析等技术手段，重点完成研究内容中的任务。

3. 总结反思阶段（2016.9～2017.3）

构建相对成熟的多元主体互动模式，形成园所特色活动集锦，整理档案资料，收集文案资料、影像资料等形成体系，撰写结题报告。

（二）研究措施

1. 规范课题管理，保证课题研究

（1）组织保障

为了确保课题顺利进行，我园领导高度重视，总、分园成立了课题领导小组。

课题负责人：黄志静（园长）。

课题组成员：符仁芳（党支部副书记、鸠江区学前教育名师工作室主持人、区级骨干教师）、候雯（总园副园长、区级骨干教师）、陈爱武（分园副园长）、马秀芳（总园保教主任、区级骨干教师）、邓卉（分园保教主任）、毛秀梅（总园年级组长、区级骨干教师）、仇泽萍（总园年级组长）。

（2）人员保障

课题组成员中，大都为幼儿园总、分园行政人员、骨干教师，均为学前教育专业，多年从事教育教学，工作经验丰富，且积累了一定的研究经验，经历过教育科研实践的磨砺与锻炼，具备了从事本课题研究的能力，为课题研究提供了足够的保障。

（3）制度保障

为确保课题研究有序开展，幼儿园成立课题管理组织机构，制定相关制度，如资金保障制度、激励制度、各项评比制度等。

（4）理论保障

理论是实践的基础，任何研究都需要理论做支撑。为了保障课题科学有效地顺利实施，提高课题的研究质量，课题组成员学习相关理论，包括"教育中的活动理论""历史文化学派的活动理论"及"建构主义理论"。引导教师更全面了解《儿童学习与发展指南》，明确各年龄阶段的"学习与发展目标"，提升教师理解、运用《儿童学习与发展指南》解决实际工作困难的意识与能力。邀请有关专家在课题的准备阶段、实施阶段及总结阶段进行指导，组织研究人员外出参观学习、培训，提高教师的整体素质。

（5）经费保障

园方对全园教科研究工作一贯大力支持和重视，上级领导部门也非常重视教科研究工作，还有相关奖励性的研究经费注入，所有这些都成为顺利开展课题研究工作强有力的保障。

2. 丰富活动形式，落实课题研究

课题立项以来，依据课题研究目标、内容，认真落实具体实施方法。在每学期末，园方召开园务会议、家委会议，商议下学期活动内容与形式。幼儿园每位教职工书面递交活动思路，家委会成员召集家长献计献策。最后综合各方意见，以"推动发展、力求创新、保教结合、家园互动"为原则，以"师资队伍建设与内涵建设"为重点，以"促进幼儿发展"为目的，倾力打造幼儿园各项活动。

（1）教师篇

专业人士曾经指出："教师的成长是教育力量的源泉，没有教师的成长就没有高品质的教育。"教师是立园之本，教师的专业化发展只有与幼儿园改革及教育实践紧密结合起来才能真正得以实现。新一轮的基础教育课程改革呼唤教师的自主成长，同时更赋予每个幼儿园管理者一个重要的使命和责任——引领教师走专业化发展之路。

我园以"教师文化节"为引领，打造教师的专业成长。如班级环境创设、区域设置评比活动、教师优质课评比、教师自制玩具、废旧材料大变身、自制体育器械评比、教师童谣故事创编大赛、教师卡拉OK大赛、师徒结对、教师读书交流活动、教师户外拓展活动……通过一系列教师活动的开展，逐

图11　师徒结对

渐形成教师阶梯团队（年轻型—成熟型—骨干型）。本园努力提高教师的专业素养，彰显教师的个人特色，提高教师的教科研究能力，向打造高素质、全能型教师队伍迈进一步。

（2）幼儿篇

"将教育融入游戏，以幼儿引导幼儿"已成为当今幼儿教育创新的重要体

现。针对幼儿的生活背景及心理发展特点，幼儿园活动能够提供幼儿学习与交流的机会，让他们克服社会性不足，在不同年龄段的人群中体验到相应的社会情感，明白社会生活中的规范，发展自身的社会认知水平，逐步提高社会适应能力。

图12　泼水保卫战

课题研究期间，我园开展的幼儿活动分学期以"纸""瓶子"为材料，让幼儿动手实践，大胆创新。开展"文明礼仪"体验性的教育活动，如"'我与文明手拉手'小班组走进社区、中班组走进菜市场、大班组走进超市""礼仪之风呼呼吹来了""新年圆舞曲""幼儿礼仪新年画展"等一系列活动，形成幼儿在园内学习礼仪、走向社会实践礼仪、带动家庭传播礼仪的氛围。举办"童谣文化节"，通过"说、唱、演、画、玩、用"等形式，使幼儿在潜移默化中增长知识、拓展经验。同时满足幼儿精神文化需求，陶冶性情，使其快乐成长。开展主题节日类活动，如"推普周"活动、"缅怀先烈"清明节活动、消防安全周活动、九九重阳节活动、"三八"节活动、迎"六一"活动、大班毕业季等，让幼儿亲身参与、体验、了解。

（3）家园篇

我园经过前期三年行动计划之"家园互动年""家园共建年""家园共育年"后，本着平等、尊重、合作的原则，争取家长的理解与主动参与，获得了家园教育的一致性。"优化家园共育"是我园新五年规划中提出的总目标。以家委会牵头开展家园共育，坚持每月一次家委会会议。会上，教师就近

图13　家园活动合影

期的工作向家委会做汇报，同时对家委会征集"金点子"，并积极听取家委会的意见，对于家长合理化的建议积极采纳。

我园一贯秉承"家长是我们的伙伴，是我们的良师益友，是幼儿园的一分子"的态度和理念，坚持每年组织开展一系列家园活动，如亲子体育节、亲子踏春活动、亲子觅秋活动、童谣文化节亲子系列活动、素质开放周系列活动、亲子创意手工比赛等。通过开展一系列的亲子活动，让家长和幼儿们一起玩游戏、一起比赛、一起动手、一起体验成长，享受亲子时光。在亲子活动中，我们也对家长进行了细致的观察。家长参加活动的表现存在着两极分化。有一部分家长能够积极参与到活动中，观察孩子，指导孩子游戏活动。还有一部分家长只是扮演着"摄影师"和旁观者的角色，不清楚自己参加家园活动的目的是什么，没有关注到幼儿自身的发展。为此，我们通过家委会、家长会、学校讲座、各种家园平台，如微信平台、班级QQ群、班级博客等向家长宣传家庭教育的指导策略。在每一次家园活动前，教师都必须让家长了解本次活动的目的与内容，指导家长正确参与活动；活动后，教师会及时与家长交流活动中出现的问题。一系列灵活有效的指导策略，充分带动了我园的家园活动。

3. 加强专家引领，保障课题研究

（1）派出去

我园一贯重视教师的外出培训学习，积极参加市、区级活动，先后组织教师赴杭州、合肥、上海等地参观学习。外出学习的教师不仅要将外出学习的内容进行反思和总结，撰写心得体会，还要发挥以点带面的辐射、推广作用，将学习的内容和大家共同分享。

（2）请进来

为了使课题研究健康深入发展，我园曾多次邀请身边的专家、名师来园指导，如专职教师童谣故事创编大赛、幼儿新年童话舞会、锦苑梦之星童谣新唱等活动都邀请了相关领域的专家来园指导。我园还多次接待安师大国培班的学员们来园观摩、参与活动。2016年10月21日，我园接待了来自安徽省骨干园长研修班近百名成员。为此，我园做了认真的准备和周密的安排，特向研修班

图14 专家进园指导

的成员们展示了游戏操比赛、班级环境创设、区角设置评比等活动，来园观摩的部分研修人员还担任了比赛的评委。我园主题式早操、极具特色的班级环境创设和区域材料投放给研修班的成员们留下了深刻的印象。他们纷纷表示，我园开展的活动有序、有趣、有效，并对我园师生健康活泼、积极向上的精神风貌给予了高度评价。

七、课题研究的成果

（一）课题研究的实践成果

1. 明确活动组织与策划要点

通过开展活动，我园进一步明确活动策划与组织流程，包括准备阶段、实施阶段、总结阶段。

（1）准备阶段

① 活动计划。通常是学期末拟定下一学期初的活动计划，一般经调查分析、了解需求后由幼儿园管理人员提出大方向，然后征求各方意见，最后讨论拟定下学期的活动主题。

② 活动定位。对每次活动开展的意义、目标、人数、时间、地点、内容、经费等基本要素做一个确定。

③ 活动方案的撰写。方案的撰写既是梳理前面的工作，也是进一步细化后面工作的过程。撰写方案的人必须是活动的直接组织者或重要参与人，这样才能把方案写得更具有操作性，方案才会有价值。

④ 通知宣传。方案拟定后，就可以通过各种平台，如网站、微信平台、家园联系栏等做好通知、宣传工作。尤其要做好家长的工作，获得家长的理解和支持。

（2）实施阶段

① 方案培训。每一次活动的开展都是现场直播，一旦出现失误就留有缺憾。活动开展前，必须对每一位参与活动的人员进行方案培训，包括后勤人员、医务人员等。只有知情，才能出力。要让参与活动的每个人都清楚方案的每一个细节，比如本次活动自己所承担的工作任务是什么、什么时间做什么事情、需要与谁合作等内容。

② 组织机构要明确。组织机构是活动开展的保障，不同的活动组织机构可能有所不同，但从职能上可以分为总负责、总执行、后勤工作三大块。以下是我园活动的组织机构图（见图15）。

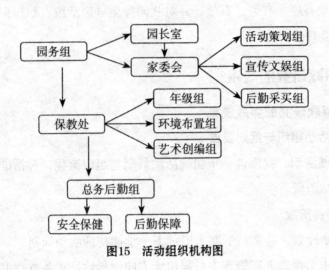

图15　活动组织机构图

③ 做好充分的准备。

活动开展前，活动各方面必须要做好充足的准备。行政方面：按照方案要求，分工负责，督促各方面的实施，根据活动的需要提供必要的物质保障，做好各方面的协调工作。教师方面：做好充分的活动准备，如活动用的道具、服装、场地的布置等。教育幼儿做好必要的心理准备，知道幼儿园要开展一个什么样的活动，了解活动的主要意义以及参与活动时的注意事项。家长方面：家长配合对幼儿进行活动前有关方面的教育，并进行必要的物质准备和时间安排等。

④ 注重环境的渲染。

环境有营造气氛的作用。根据不同的活动布置环境，渲染相关气氛，体现主题，如节日主题、新年主题、运动会主题等。

⑤ 工作精细，责任到人。

活动中，园长扮演的角色是总策划、总导演、总监督，教师则是具体活动计划的执行者、实施者，是局部活动的指导者。活动各组要求目标明确、分工合作、加强沟通、注重细节，只有做到各司其职、各负其责，才能保证活动的顺利进行。

（3）总结阶段

总结分过程总结和终既总结，如在大班毕业典礼每一次彩排后，讨论、调整属过程总结。典礼结束后，围绕整个活动，从方案撰写、过程设计、组织排练、现场彩排、后勤支持、家长配合及团队合作等方面进行回顾、总结与提升属终既总结。

2. 形成符合我园实际的幼儿园活动模式

通过一系列活动的开展、总结、提升、归纳，最终形成符合我园实际的活动模式：主体交互、注重结合、激发创意、强化特色。

（1）主体交互

通过课题研究，打破以往活动中单纯的以幼儿为主体或以教师为主体，而忽视其他主体开展活动的模式。同一活动中，活动主体之间的关系不是服从与权威，也不是自由与放任。幼儿、教师、家长在活动中是以绝对平等和相互独立的主体而相互作用的，这种作用表现为各类主体之间的相互对话、相互合作、相互观摩、相互交流和相互促进。

（2）注重结合

传统的幼儿园活动往往是为了活动而活动，使教师、家长甚至是幼儿感到辛苦、有压力。课题研究中，我园重新梳理幼儿园活动的开展。将活动在《幼儿园教育指导纲要》《儿童学习与发展指南》及一些活动理论的支持与引领下与幼儿园的课程建设紧密结合，与日常教育教学紧密结合，与园本教研紧密结合，与家长工作紧密结合，与幼儿园特色建设紧密结合，与幼儿园园所文化建设紧密结合。将活动融入日常每个环节，使之尽量不增加教师的工作量，不增加家长的负担，更好地为幼儿的健康成长服务。

图16 亲子作品

（3）激发创意

在我园组织开展活动的过程中，利用各种方式寻找、激发创意灵感，如利用网络资源激发创意、利用材料激发灵感、采用头脑风暴激发创意等。

我园利用生活中最常见、最普通的纸、瓶子拟定学期主题"纸的世界""瓶子的秘密",并每学期围绕主题开展"纸的世界——奇妙的纸盒天地"亲子制作大赛、"瓶子的秘密——超级大变身"亲子制作大赛、全园教职工手工DIY。通过活动,激发幼儿、家长及教师天马行空的想象力,鼓励他们将废旧材料再创造、再利用,制造出各种新颖、美观的作品,激发和培养他们的好奇心和创新意识。

在"礼仪展示月",我园园务计划拟定主题"小绅士""小淑女""文明家长""文明教师"展示活动。这一主题到底该以怎样的方式展示?我园组织教师开展教研活动,采用头脑风暴的形式展开讨论,最后确定了"礼仪之风呼呼吹来了新年童话舞会"的活动。活动中,主持人扮成王子、公主靓丽登场。

图17　童话舞会

全场幼儿以混龄形式,结伴畅跳圆舞曲。他们有礼貌地邀请舞伴,友好、欢快地合作表演,"小绅士""小淑女"们个个风范十足。期间,我们还设置了各式甜品台,幼儿们在舞会期间可以自由选择甜品。整个活动将T台秀与舞会相结合,形式新颖,参与面广。

（4）强化特色

每个幼儿园都在着力创建自己的园本特色,每个幼儿园的特色都自成一格。幼儿园特色的创建不是一蹴而就的,应该是一个回溯过去、立足现在并展望未来的过程,既有对过去的批判与继承、对现在的分析和思考,又有对未来的憧憬,是一个不断扬弃、大胆吸收、持续浸润、逐渐累加的动态化历程。我园努力创建园本特色,并不断调整、强化,将特色做精、做实。

我园开展课题《以创编童谣为依托,促进师生共同发展的行动研究》后,一直围绕"童谣"进行园本特色创建,坚持每年举行一次"童谣文化艺术节",童谣文化已渗透在全园人心中。

从我园参加芜湖市"个别化学习区域环境创设及材料投放"评比活动后,积极尝试混龄活动的开展,如"锦幼伙伴节,六一嗨翻天"混龄亲子游园活动、"礼仪之风呼呼吹来了新年童话舞会"混龄唱跳圆舞曲、"亲子体育节"混龄体育游戏等。本学期，我园继公共区域混龄活动后又一次尝试开展班级场馆式的全园混龄区域活动。

（二）课题研究的理论成果

1. 培养骨干力量，促进教师专业成长

教师的内需是其学习、工作源源不断的动力。通过创设条件、营造氛围来激发教师的内需，提高其工作的积极性。我园在策划与拟定活动方案方面由原来的行政统筹安排逐渐演变为放权与监督，部分活动方案的设计与具体活动的执行由年级组长带领年级组教师统筹设计。行政的具体工作发挥两大作用：一是提供服务，如场地、经费支持等；二是明确具体的活动要求与检查时间，根据要求与检查时间进行监督与推进。这样既尊重了每位教师的需求，也发挥了骨干教师的作用，大大培养了骨干教师。

苏霍姆林斯基曾说："如果你想让教师的劳动能够给教师带来乐趣，使天天上课不至于变成一种单调乏味的义务，那你就应当引导每一位教师走到从事研究这条幸福的道路上来。"我园教师在参与课题研究的过程中，不断学习、反思、创新，课题研究做到人人参与、相互促进、共同发展。期间，我园教师积极参加省、市、区级组织的各项比赛，并取得了一些成绩：课题主持人黄志静园长获安徽省"少儿（幼儿）素质教育工作先进个人"，市政府授予其"百姓学习之星"荣誉称号；业务园长候雯同志获"鸠江好教师"称号；符仁芳、毛秀梅老师获"鸠江区骨干教师"荣誉称号。在2016年基础教育论文评选中，我园教师积极撰写论文，获鸠江区一等奖3篇、二等奖2篇、三等奖3篇，获市课题论文一等奖1篇、二等奖2篇、三等奖2篇，其中两位教师在2016年"玉娃娃杯"全国幼儿园论文大赛评选中分别获得一、二等奖。另外，我园教师指导幼儿在舞蹈、故事、绘画等比赛中均获得了优异的成绩。

2. 促进幼儿的和谐发展

快乐的性格是在适宜的环境中熏陶感染形成的，是一次次快乐的情感经验浸润积淀的结果。教育专家指出："一切知识、经验是在人与环境相互作用的过程中得来的，是通过活动获得的。"通过一系列活动的开展，幼儿们不断地尝试、努力，发现和体验成功的快乐，并把在活动中获得的对待事物的态度、方式、方法以及人际交往中的态度、方式、方法迁移到自己的现实生活中去。幼儿们的各种能力大大提高，敢说、敢想、敢做、阳光、自信、活泼、有秩序成为我园幼儿的大特点。课题研究期间，我园幼儿在芜湖市"娃娃乐"故事会评选中表演的"好猫咪咪的故事"获市二等奖、区一等奖；在2016年芜湖市幼儿歌舞调研中，舞蹈"奇梦记"获区一等奖；我园幼儿参加芜湖市少儿现场书画比赛、科幻画比赛均获得优异的成绩。

3. 获得家长的认同与共育

通过参与课题的研究和幼儿园的活动，经常与老师交流，我园家长的积极性大大提高，参与教育的程度也在步步深入，家园协作意识进一步增强。如一些亲子活动的开展，为家长提供了一个能耳闻目睹幼儿生活、游戏和学习等真实表现的机会。家长通过获得幼儿成长的感性认识，加深了对幼儿能力发展的进一步认识，改善了教育行为和教养方式，从而更有效地采用相应的教育措施，进行更有针对性的教育。

八、我们的思考

我们在各种活动的实践与探索过程中，比较偏重于内容的开展，而在教师发展评价、幼儿能力评价等方面比较薄弱。因此，我们需要进一步学习符合发展性课程评价理念的评价设计。

幼儿园活动的开展对幼儿、教师、家园共育的影响，只是建立在观察的基础上得出的较为笼统的结论，还没有科学的数据加以佐证。我们的研究可再深入些，并在此研究的基础上探索更有效的指导策略。

几年的探索与实践告诉我们，只有既关注实践又关注理论的发展，才能真正实现从观念到实践的整体转变；只有不断地在学习中实践、在研究中感悟、在反思中前进，我们的课题研究才能深入发展，从而真正成为花园里的一支芬芳四溢的花。

（黄志静）

园长引领教师成长的途径与策略研究

《园长引领教师成长的途径与策略研究》是2016年度芜湖市教育科学研究重点课题（课题编号：BK38）。本课题于2017年3月10日通过专家论证开始立项研究，到结题历时近两年。期间，我园立足实际，依托《幼儿园园长专业标准》《幼儿园教师专业标准》等相关文件，不断总结经验、搜集案例，探讨建立可行的幼儿园教师成长的机制，搭建专业平台，完善相应制度，形成了一些具体可行的操作策略，最终完成预定的研究任务。

一、课题研究的背景

随着《幼儿园教师专业标准》《幼儿园园长专业标准》等幼儿教育相关政策文件的颁布，建设一支高水平、高素质、高要求，适应目前经济社会发展水平，满足广大人民群众对优质学前教育需求的专业化幼儿园师资队伍，这是深化推进学前教育改革与发展的必然要求，更是办好让家长和幼儿满意的幼儿园的重要条件。

《幼儿园园长专业标准》指出："幼儿园园长作为幼儿园改革与发展的带头人，担负引领幼儿园和教师发展的重任。"一方面，园长作为履行幼儿园领导与管理工作职责的专业人员和首席负责人，在确立幼儿园办园方针和宗旨、幼儿园师资培育、幼儿园课程建设以及幼儿园管理制度等方面扮演了掌舵人的重要角色，肩负着幼儿园整体建设和顶层设计的总设计和总规划。另一方面，园长作为幼儿园教师队伍中的佼佼者和先进分子，不仅要发挥好幼儿园教师中的杰出代表和先锋模范作用，还需要成为引领其他幼儿教师成长的领头羊。要"尊重教师专业发展规律，激发教师自主成长的内在动力"，为幼儿园培育一批又一批先进的幼儿教育工作者，为幼儿园和幼儿教育事业发展储备良才。

锦苑实验幼儿园总、分园是两所年轻的幼儿园，拥有一批年轻的教师团队，以质量的办学起到了公办园的引领作用。我园在园长的带领下着力研究如何能在有效时间内让教师团队快速成长起来。

二、课题研究的目的和意义

本课题研究是在《幼儿园园长专业标准》《幼儿园教师专业标准》等有关文件精神的指导下，基于教育管理学的学科视角和理论背景，立足于我园教育实践活动和教师职业发展现状，探讨园长应如何支持和引导幼儿教师的成长，采取更富有成效性的引导策略，促使年轻幼儿教师向骨干型幼儿教师转变。

本课题研究的具体目标如下所述：

（1）探讨园长如何在引领教师成长工作方面发挥其领导、管理、人际沟通、调研及再教育培训的功能。

（2）针对不同幼儿教师的不同背景条件和心理需求等相关特征，探讨园长提升教师专业能力和自我能效感的有效策略。

（3）基于本园实际情况，探讨建立切实可行的、顺应幼儿教师发展的促进机制和教育平台。

三、课题研究的内容

本课题研究遵循我园"仁爱育才"的教育管理理念和长期坚持的人本化管理实践经验，尊重、信任、鼓舞、赏识每一位幼儿教师，把对幼儿教师的信任与关爱作为引领幼儿教师专业成长的重要因素。在了解每位幼儿教师的成长需求的基础上，以情感人、以义动人，善做幼儿教师专业发展的服务者、支持者和引导者。

围绕幼儿园园长和幼儿教师这两大主要研究对象，本课题研究的具体内容如下所述：

（1）针对教师专业成长需要的个体差异，完善有利于教师专业成长的园本管理机制和制度。

（2）审视我园当前已有的幼儿教师职业成长发展机制，如教师文化节活动。在健全和完善目前初具成效的引领机制的基础上，构建系统化、动态化的幼儿教师成长平台。

（3）总结、归纳园长在教师成长中的人本化管理策略，体现园长在引领教师成长中发挥的作用。

四、课题研究措施

（一）规范课题管理，保证课题研究

1. 组织保障

为了确保课题顺利进行，我园领导高度重视，成立了课题领导小组。

课题负责人：黄志静（园长）。

课题组成员：符仁芳（党支部书记、鸠江区学前教育名师工作室主持人、区级骨干教师）、候雯（副园长、区级骨干教师）、马秀芳（保教主任、区级骨干教师）、毛秀梅（环境布置组组长、区级骨干教师）、仇泽萍（年级组长、区级骨干教师）。

2. 人员保障

本课题成员有园长、副园长、保教主任、教研组长、班主任、骨干教师等，所有参与人员均长期工作在教育教学的第一线，经验丰富，具备一定的科研和实践能力，完全有信心、有决心圆满完成此课题的研究。

3. 制度保障

幼儿园制定了课题管理、研讨、激励、外出学习等制度，定期组织开展教研活动、现场观摩交流活动，保障课题研究的顺利进行，并完成预期的阶段性成果。

4. 理论保障

理论是实践的基础，任何研究都需要理论做支撑。为了保障课题科学有效地顺利实施，提高课题的研究质量，幼儿园一方面采取"走出去、请进来"的方法，组织教师聆听有关专家的报告，选派教师赴上海、南京、合肥、杭州等地参观学习；另一方面组织教师进行自学，寻找课题研究的理论支撑。

5. 经费保障

学校保障研究经费，上级主管部门也有相应的奖励性资金，保障课题研究

顺利进行。

（二）深入研究促进教师成长的途径与策略

途径一：建立健全教师专业发展激励和评价制度

教师的专业发展与幼儿园的管理体系息息相关。现今的管理理念认为，管理的本质不是对幼儿进行机械化的"改造"，而是人性化的"唤醒"。所以，管理制度的制定不仅是用于约束幼儿，更加重要的作用是激励幼儿。制度制定的关键与基础应当来自对人性的一种关爱，这种"关爱"即鼓舞、激励。所以在管理制度的制定上，要留给教职工最大限度的发展空间，用尊重、赏识、信任的情感态度去激发他们的潜能。

园长行使管理职能，用科学的方法领导考核机制的制定和改革，利用考核的激励作用，调动教职工的工作积极性和主观能动性，最终促进教师的专业化成长。

策略一：领导绩效考核机制改革，加强对教师队伍的激励

绩效考核涉及每一位教职员工的切身利益，所以每个园所绩效方案内容的制定过程必须建立在"民主"这一基础上。园所考核方案中的评价细则是绩效工资发放的主要依据。考核评价标准的科学性是绩效工资公平发放的有力保障，也是绩效工资激励性具有长效性的基础。

1. 绩效考核存在的问题

在绩效改革以前，我园绩效考核的问题主要集中在以下两点：

（1）绩效考核机制不完善

传统的绩效考核主要包括考勤、考绩、安全管理等方面。但这样的考核侧重物质考核，以量化的标准作为指标。本园先前的绩效考核主要是教师的迟到早退、园服园徽的佩戴、教育教学的开展情况、出勤率等方面。考核简单机械，虽然在常规管理上面效果显著，但是对于教师的工作积极性并没有很好的激励作用。例如，在幼儿园除班级以外的环境创设和部分教师担任额外的职务方面，由于绩效奖励不明显，导致教师的参与度不高，积极性比较低。有时候因为本班级工作繁忙，教师参与幼儿园整体环境和文化建设的积极性不高，效率也比较低。

（2）考核主体单一

本园绩效考核标准的制定主要是园内行政人员参与，而教师作为考核主体参与度比较低，家长和社会方面的参与度也不高，这导致考核的结果不具有很强的说服力。这种由行政主导的考核机制容易产生行政中心化现象，导致教师的绩效考核偏离正常的轨道。所以应该鼓励教师、家长、幼儿等多方人员参与评价，实现考核的多元化。

由园长召开行政会议，会议研究认为，现有的绩效考核机制忽视了对教师精神或心理方面的考核，例如对幼儿园的热爱程度、对工作的奉献精神等。针对这一情况，园长带领行政队伍对绩效考核细则进行了长期的研究和改革，促使绩效考核逐步发挥激励作用。

2. 绩效改革的具体措施

（1）设置明确的绩效考核目标和合理的绩效考评标准

一方面，依据幼儿园的总体管理目标设置合理的、明确的且被大部分教职工认同的绩效考核；另一方面，设计公正有效的绩效评估系统，并确保绩效评估结果和实际绩效的关系的一致性，让教职工明确什么样的行为是被期待的，付出了努力将得到什么样的报酬和奖励，从而鼓励他们工作的积极性。

（2）考虑不同教师的需要，采取多样化的激励手段

因材施教是根据幼儿不同的身心发展特点，采用不同的教学模式和教学方法进行教学，是教育的伟大目标。同样，在我园进行教师管理时，也遵循类似的原则，综合运用工作激励、培训、晋升、表扬评优等多种激励方式。例如，对于一些具有较强上进心、追求成功的教师，应该加大教师的任务难度，提高他们工作的积极性；而对于安于现状的教师，可安排一些符合他们特点的工作。通过管理者与教师之间的相互配合，实现共同进步，从而促进幼儿园的健康发展。

（3）注重内部激励和外部激励相结合

内部激励是来自工作本身的激励，由行为的内在动机引起。处于知识分子阶层的幼儿教师群体非常看重成就，注重精神鼓励，他们大多有比较强的进取心、好胜心，希望自己在工作上能有所成就，并得到家长、同事、幼儿园领导及社会客观、公正的评价。因此，在工作中要注意引导、培养幼儿教师的成就

意识，热情地支持他们合理的愿望，并且尽力满足他们的"成就需要"。同时要加强外部激励。外部激励是来自教师的生活、工作的外部环境的激励，由外在的动机引起，这种激励主要用于满足教师的生理、安全和社交需要。建立完善的教师激励机制，既应注重对幼儿教师的内部激励，又应加强外部激励，从而推动幼儿园的教师管理。

表1　教师考核基本内容

考核项目	根据教师类型而定
教师个人专业能力（30分）	教学观摩（5分）
	工作总结（5分）
	保教工作（5分）
	班级财产（2分）
	幼儿安全（5分）
	出勤（3分）
	卫生（5分）
师德修养（20分）	遵守制度（10分）
	家长评议（5分）
	教师互评（5分）
班级常规工作（30分）	班级环境（5分）
	班级常规（5分）
	教学活动（5分）
	家长工作（10分）
	超工作量（5分）
突出贡献（20分）	个人评比活动获奖（5分）
	集体评比活动获奖（5分）
	环境布置组（5分）
	年级组长（5分）

注：其中"根据教师类型而定"是指将新手教师和资深教师区别对待。

表1中教师考核基本内容为新的绩效考核细则。实行新绩效考核办法以后，根据教师的贡献度，设置了明确的奖励性绩效。

表2　新旧绩效工资变化比例

专职教师	第一学期绩效工资（元）	第二学期绩效工资（元）	涨幅
张老师	1140	1200	5.26%
王老师	1200	1230	2.50%
范老师	1132	1150	1.59%
刘老师	1160	1330	14.65%
符老师	1156	1187	2.68%
李老师	1220	1535	25.82%
晋老师	1176	1200	2.04%

由表2新旧绩效工资变化比例可以看出，教师们的绩效工资出现了一些区分度。绩效改革以后，我园对全体教师进行了新旧绩效考核结果满意度的调查。其中83.2%的教师对新的绩效考核结果很满意，只有6.2%的教师对考核结果不满意，其他教师持中立态度。但是几乎所有参与调查的教师都认为，新的考核标准较旧标准有了很大改善，体现出了公平性原则，更加人性化。少数不满意的教师希望继续细化评分标准，让评价更加科学。

新的绩效考核机制推出以后，大大提升了教师的工作热情。教师积极主动地为幼儿园做贡献，工作更加有责任感和自主性。特别体现在环境布置方面，教师积极创新，工作保质保量。在考核中，园长多方位考察教师的工作，也给予教师充分的话语权和自主权，既能让教师按照规章制度进行保教工作，也能充分感受人性化管理的温暖。新的绩效考核机制在提高教师工作质量和效率的同时，也形成了良性的竞争机制，教师人尽其力、各显其能，从侧面促进了教师的专业成长。

策略二：建立各项考核机制，优化评价体系，完善配套奖励机制

从建园之初至今，我园逐步建立了一套相对完善的考核评价体系，并根据评价结果制定了相应的奖惩机制。考核机制覆盖了全园所有成员，包括专职教师、保育教师、厨房工作人员、行政人员。我园将这套体系应用到管理之中，并根据实际情况进行动态调整。

表3　芜湖市锦苑实验幼儿园先进人员考核表

序号	考核对象	团队分（4）	个人考核分（6）	加分项	合计
1					
2					
3					
4					
5					
合计					

注：

1. 考核对象为全体教职工，考核时间为一学期。

2. 团队分结合以下方面：积极参加各项团体活动，按照各活动名次统计团队分，第一名为1分。另外，红旗班级为2分，卫生先进班级为1分。

3. 个人年度考核结合各部门的考评和幼儿园章程绩效进行总评。

4. 加分项要求个人获得市级及市级以上奖励。其中，国家一等奖为5分、二等奖为4.5、三等奖为4分，省级奖励分别为3.5、3、2.5分，市级奖励分别为2.5、2、1.5分。

5. 在全年造成安全事故或存在师德问题，对幼儿园产生不良影响的，一律不得参加先进个人评选。

表4　团队分——幼儿园班级工作考核细则

项目	编号	评估内容	分值	自评	园评
教育环境	1	墙饰按主题及时更换，有幼儿参与，并艺术加工	4		
	2	班级环境干净、整洁，物品摆放合理	3		
	3	游戏区划分合理，标识明显，游戏区角材料丰富有创意	5		
	4	使用并推广普通话，师幼关系融洽	3		
	5	来园活动幼儿自主选择，内容丰富	3		
一日活动	6	班级有丰富的自制户外体育器械，积极开展体育锻炼	6		
	7	有序开展半日活动，遵守作息时间	6		
	8	幼儿盥洗有序，卫生习惯好，不玩水	3		

续表

项目	编号	评估内容	分值	自评	园评
一日活动	9	进餐氛围好，幼儿不挑食，不剩饭菜	3		
	10	午睡环境好，幼儿午睡习惯好	3		
	11	幼儿有安全和自护意识，班级无安全事故	6		
自主游戏	12	保证幼儿游戏时间，材料有更新痕迹，教师积极指导游戏，幼儿游戏水平得到发展	5		
	13	幼儿兴趣广，自主选择游戏，能力发展良好	5		
幼儿	14	班级常规良好，幼儿行为习惯好，个性发展良好，出勤率高	10		
资料	15	班级、教科研究资料认真总结、及时上交，有质量	5		
研究	16	积极参与课题研究，积极撰写教育论文，取得一定成效。初步学会自制课件	5		
特色	17	开展特色活动，班级工作创新有特色	6		
家长工作	18	廉洁从教，不向家长索要物品，家长反响好，满意率高	5		
	19	家长园地更换及时，家园联系册反馈率高，家访认真完成	3		
	20	利用校讯通、博客、QQ群和家长开展交流，效果良好	3		
	21	家长积极参与幼儿园活动，问卷回收率高	2		
财产保管	22	节约水电，放学后关好门窗	2		
	23	节省材料，利用好边角料	2		
	24	保管物品不丢失、不损失	2		
加分					
合计	0	100	0	0	

由表3、表4可知，芜湖市锦苑实验幼儿园先进人员的考核总成绩由考核人所在的团队产生的团队分以及个人考核、加分项组成。幼儿园班级工作考核细则是团队分的评分细则，涉及班级环境、保教质量、家长工作、班级财产等方面，与班级里的专职教师、保育教师都息息相关。团队分的设置有利于班级里三位教师共同努力、互相配合，每位教师在做好自己本职工作的同时，也会参与班级整体事务的管理，真正把班级当自己的家，避免各自为营的不和谐氛围。

途径二：履行管理职责，规范教师行为，促进教师发展

园长在教师管理过程中对教师的专业引领、行为规范的指导，直接影响着教师整体素质的提高。因此，园长要积极参与互动，严格执行幼儿园管理的相关条例，运用科学的管理方法，让教师接受其价值观、领导策略；规范自身行为，引导教师自我反思、自我改进；与其他教师一同在教育教学实践中探索前行，促进教师的专业发展。

《幼儿园管理条例》和《幼儿园工作规程》中专门明确了园长有对教师的教育教学工作进行监督和检查的职责，这是园长通过外部的行政权力规范教师的教育教学行为的重要手段。园长在规范教师职业行为方面，主要有以下三点策略。

策略一：日常检查督促教师的职业行为

如果没有外在约束，教师可能会因为惰性而放松对自己的要求，而园长的监督、检查能规范教师的教育教学工作，分析教师在教学中的优势与不足，促使教师在工作中投入更多的时间和精力，达到更好的效果。如我园园长坚持每个星期都亲自查阅各年级组长、环境布置组组长、艺术创编组组长的备课笔记本，并给予评价意见。由保教处和各年级组长查阅其他教师的备课笔记，园长不定时抽查，还不定期进班视检，检查教师在教育与教学中的行为，发现问题及时整改，督促教师更加认真、仔细地投入工作。

策略二：日常管理改进教师的职业行为

我园在园长的带领下建章立制，始终把寻求规范管理、科学管理作为工作重点。严格规范教职工的一日生活流程，安排行政人员每日护导值日，有工作不到位的地方及时提醒、指导。一日生活中，环境布置、游戏、进餐、活动设计每个环节都要细致规范。在日常管理中，最高境界就是教师自律。为此，我们经常通过培训、研讨等形式，向教师反复提出按照规定做事的必要性，使之逐步养成自觉自律的习惯，如看到地上的杂物随手捡起、时时处处为他人考虑、看到墙面环境脱落随手粘贴等。久而久之，大家的自律意识就会加强，自觉性就会提高，遇事就会先为别人着想，并尊重别人的劳动成果，逐渐从他律走向自律。

策略三：日常活动警示教师的职业行为

《幼儿园教师专业标准》中提出："幼儿为本，师德为先。"师德作为幼儿园教师最基本、最重要的职业准则和规范，直接影响着教师的职业行为。我园自成立以来，园长就对全体教职工提出要求，指出要以幼儿为本、师德为先。在日常工作中，教师要多体现爱心、关注个别、关注细节、并开展师德师风演讲比赛、教职工师德座谈会、签署师德师风承诺书、家园师德共同承诺等一系列活动，并在幼儿园全体教职工大会、教研会上不定时开展师德师风警示教育。园长须随时警示教师的职业行为，并及时表扬教师规范工作的行为，表扬工作中努力、有创造性的行为。

途径三：支持和引导教师个人发展，搭建教师专业发展平台

幼儿园教师的专业发展程度直接影响着幼儿全面发展状况和幼儿园的整体质量，而教师群体的专业发展程度与教师个人的成长密不可分。园长结合幼儿园发展规划，辅导教师进行个人发展规划，将幼儿园的发展与每位教师的专业成长紧密结合，强化教师的归属感和使命感，最终实现教师个人能力与幼儿园办学水平的共同发展。同时，采用多种途径为教师搭建专业化的平台，探索促进教师专业成长的有效方法，真正将尊重教师、信任教师、发挥教师的主体地位、调动教师主动性的理念落实到实际工作中。

策略一：指引教师专业坐标

1. 用制度护航教师成长的路

我园在《劳动法》《教师法》的指导下，在《幼儿园工作规程》《幼儿园五年发展规划》的引领下，制定幼儿园教师代表大会制度，不断完善园本制度。凡是涉及幼儿园发展决策、规章制度、奖惩细则等切实关系到幼儿园利益、教师利益的问题，都会广泛征集全园教师的意见，并通过教师代表大会的形式进行深入研讨，让教师充分感受到自己是幼儿园的主人。在这里，他们能够充分发表自己的见解与意见，真正为幼儿园发展献计献策。

2. 制定教师个人发展规划

生命因不断成长而丰富，每个教师都有自己的专业兴趣、优势和特长。有了明确的专业发展规划，教师才能合理安排自己的专业活动。我们要求每位教师结合本园《幼儿园五年发展规划》中优化教师的发展目标，提出自己个人成长的规划设想。园长根据每位教师的专业特长和实际教龄指导教师制定切实可行的专业目标，无疑让教师对于自己的专业发展方向更加明确。如工作三年以内的年轻教师，他们希望第一年熟悉并掌握常规工作，第二年重点攻下家长工作、游戏和教学活动的设计与组织实施工作，第三年在笔头工作、半日活动、教学考核中能有所突破；工作三至八年的青年教师则希望找到自己的优势，逐步形成自己的教学风格，并尝试在工作中参加各种竞赛，有展示自己的舞台，并能得到领导的鼓励和同伴的赏识；工作十年以上的教师则希望发挥自己的专业特长，独自指导年轻教师，并在专业理论上有所沉淀，积极争评区级骨干教师、学科带头人等。

3. 建立教师个人成长档案

为培养教师的反思意识和能力，在工作中记录自己的成长历程，园长要求每位教师建立自己的个人成长档案，并突出两个"成"字——成绩和成长。整理教师职业生涯中教案设计、撰写论文、教学反思、研究课题、自我规划、成果荣誉、自我评价与他人评价等丰富的教育教学信息，并在每学期末填写个人业务档案记录表，涵盖教科研情况、继续教育情况、奖惩情况、考核情况等方面。教师成长档案是一段段教师成长历程的缩影，不仅记录着每位教师在专业成长道路上的足迹，也展示着他们的期盼、梦想及辛劳后的收获。

策略二：搭建教师专业成长平台

1. 搭建岗位竞聘平台

我园选拔中层干部时，打破身份、资格、学历的界限，拓宽选人用人渠道，坚持任人唯贤、德才兼备和群众公认、注重实际的原则。如年级组长岗位竞聘，幼儿园所有教师均可参与竞聘，从自己对岗位职责的认识、个人竞聘的优势和竞聘成功后的岗位设想等方面进行演讲，所有教师现场投票。最后结合园务组的意见，以最优化的发展眼光，使岗位各得其所、人尽其才。公开、平等、竞争、择优的岗位竞聘平台，有效地提高了保教质量，充分调动了广大教师的积极性，也为教师专业化发展道路铺垫了坚实的基石。

2. 搭建技能展示平台

我园每年都会开展幼儿教师基本技能比赛活动，如手工制作活动、三字二画（话）展示活动、教学技能评比、童谣新说、演讲比赛、后勤教师技能大赛等活动。特别值得一提的是，我园开展岗位互换活动，让不同岗位教师通过此活动增加了理解和宽容。各项活动的开展既给教师们搭建了一个展示自我风采的舞台，也给教师们创设了一个互相学习、相互交流、提升专业能力的平台。

3. 搭建二级培训平台

每次教师外出培训，都会将自己在外面学习的新知识、新理念等进行系统整理，然后进行园内二级培训，让教师通过专题讲座、示范教学等不同方式，也当一回专家。不仅外出学习的教师收获颇丰，通过二级培训，让其他教师也从中接触到了新的教学理念，开阔了视野，使教师们在不断地交流碰撞中逐步提升业务素质，实现了教育资源的共享。

4. 搭建园际交流平台

在本园教师队伍基本稳定的基础上，我园每学期开展各种各样的活动，如庆教师节、迎双旦等活动。提供了多种教研机会，如优质课评比、环境与区域评比等活动，促使总、分园教师之间互相交流。同时，我园黄志静园长担任鸠江区学前教育教研员，符仁芳老师担任鸠江区学前教育名师工作室主持人，借助这样的平台，我园教师有更多的机会与其他园教师建立联系。

途经四：立足于教科研活动，提升教师的理论水平和教科研能力

没有教科研，就没有我园教育的可持续发展。一直以来，我园积极将科研与教研紧密结合，逐步形成"以科研引领教研""以教研促进科研"的良好氛围。通过开展一系列的教科研活动，逐步提高教师的教科研意识，也使广大教师明确"教科研必须服务于教育教学，落实于教育教学实践中"的思想。

策略一：积极开展课题研究，使课题研究转化为实际效果

我园积极申报市级课题，在不到六年时间中，总园申报市级课题三项，已顺利结题两项，形成相应的结题成果，积极将研究成果向分园推广，并指导分园申报市级课题1项。每次的课题研究过程，都是带领教师成长的过程。园长从课题组的主要研究成员抓起，让每位课题组成员带领年轻教师，紧密结合研究实践中的问题和困惑，从问题入手，让每位教师学会发现问题、提出问题、研究问题、解决问题，让每一项研究活动都能带给教师认识的深化、技能的进步和理念提升。

策略二：不断探索教研模式，寻找适合于本园特色的教研形式

针对我园现有教师的特点进行分析，我们发现青年教师还处于训练教育教学基本功的阶段，中青年教师虽然有一定的处理各种事件的经验，具备一定的工作能力，但是往往由于对自己的教育教学缺乏反思、总结与提炼，部分教师还未能形成自己的教学风格。另外，还有一些教师由于缺乏专业教师的引领，从而造成自己在专业发展的道路上进展得十分缓慢。

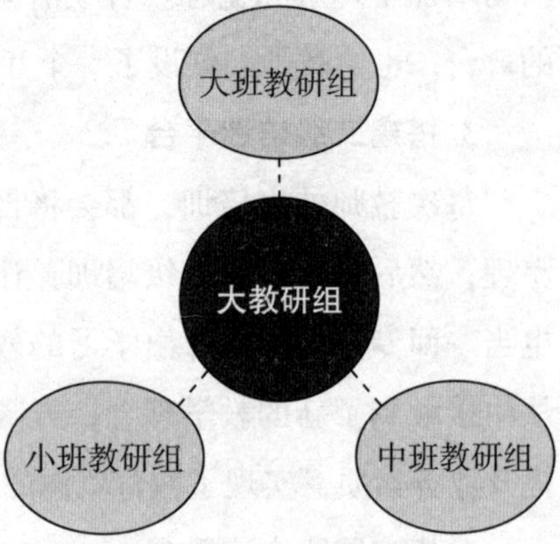

图18　教研组结构图

针对以上教师的情况，我园积极探索教研形式，针对不同时期的教研重点成立不同的教研组。如为了更好地关注教师的专业差异，让教研活动成为"大众"的平台，我们成立了大、小教研组（如图示）。小教研组是各所教年龄段教师组成的基本教研组，大教研组由园长、副园长、保教主任、年级组长和骨干教师组成。教研中，由大教研组统领各小教研组的学习与研究，大教研组组长负责与各小教研组组长进行相关教研管理工作的沟通。在教研内容上，大小教研组的教研内容整体上保持一致，但小教研组可根据年级实际情况进行细化教研。这样的教研形式权威化，给教师尤其是青年教师营造一种轻松的氛围，同时能聚焦实际问题，教研的有效性悄然提升。

策略三：组织、指导教师参与上级部门组织的各类教科研活动

要建设一支高素质、具备较高科研能力的教师队伍，必须加强教师的全方位培训学习。我园一直积极组织教师参加上级部门组织的各级各类教科研学习、比赛、观摩等活动，根据每位教师的素养和特长，力求做到让每位教师都能够参与，在教师中形成一种良好的学习、合作与竞争的氛围。而园长作为教科研的领头羊，在每一次的活动中为教师指点迷津。在园长的指导下，我园教师积极参加上级部门组织的各类教科研竞赛活动，取得了一定的成绩。

案例

2016年12月，那段日子对我来说既是成长也是磨炼。我们鸠江区音乐教研组向全区幼儿园教师开展音乐公开课观摩活动，作为组长的我当然得躬先表率，因为这不仅仅是个人成长，更是一次很好的打磨锻炼自己的机会。

在着手迎接任务后，我深深感受到团队的温暖与力量。黄园长和我一起参照《儿童学习与发展》标准，从目标的制定到环节的设计，所有方面都一丝不苟、追求创新，又不脱离以幼儿为核心。每一句过渡语，每一个细小的环节，每一个细微的动作和微妙的表情，黄园长都亲自示范、言传身教，一次不行两次、两次不行三次，在一次次的打磨中，我逐渐成长，得到了历练。虽然那个过程无以言表，但是我想说："亲爱的园长，谢谢您！感谢您对我的指导和帮助，感谢您对我的批评与关爱！"

活动后，我在整理教案时发现，我们写了几十页，每个细节反复地推敲，反复研究实验教案的可行性，那都是我们宝贵的经验和汗水，是作为幼教人的态度与职责。我会将它们好好地珍藏，这也是我人生成长的一个见证！

途径五：充分尊重并关爱教职工，打造良好的人文环境

在以往的幼儿园管理中，很多人都把教师看作幼儿园管理中可支配的对象，忽视了教师的主体地位。在幼儿园管理中，如果将教师看作被管理的对象，其积极性自然受到打击。教师是幼儿园教学的主体，幼儿园并非由某个人组建，需要通过全体教师共同努力。因此，在幼儿园管理中，教师具有中流砥柱的作用。如果教师没有积极性，自然会影响到幼儿，幼儿的发展也会随之受挫。

策略一：充分尊重、了解教师的职业性

在幼儿园管理中，对教师的管理要从教师的职业特点出发，先因师制宜，再因生制宜，最终实现高效管理。幼儿教师是幼儿生活的照料者、学习的支持者及习惯的培养者。幼儿教师的职业特点是保育与教育相结合，具有鲜明的示范性、创新性、长期性和职业角色的多重性等特点。以班级管理为例，很多幼儿教师在班级管理中都具有一定的经验，但有的教师则相反，在方法上较为欠缺。那么，在管理中就需将两者进行对比，在对比中相互学习。作为管理者，不应生硬地指责或批评教师，而应耐心引导他们向好的方向发展。方法不对就更换，管理不到位就帮助，这样教师才能得到心理安慰，管理起幼儿来才会有足够的后劲。

策略二：营造"以园为家，以教师为家人"的环境

幼儿教师也是一个需要更多支持和关怀的职业。园长是一个幼儿园的"家长"，适度的情感关怀能有效缓解教师的工作压力，帮助其妥善应对工作中的挫折。当教职工遇到难题时，园长应耐心倾听、静心分析、热心相助。园长也要有容忍之心，理解教师工作中的失误，要给其机会，让其不断磨炼、不断进步。要努力使每一位教师都能感到被尊重、被信任、被需要，让其工作有方向、有奔头，同时用这个目标为幼儿园的整体发展服务。

策略三：事无巨细，加强与教师之间的心灵沟通

在传统的幼儿园管理中，管理者与教师之间也有沟通，但只触及皮毛，很少能触及心灵，这是管理中的一大弊端。要做好幼儿园管理，沟通是必不可少的，管理者必须要与教师之间建立一套双向的沟通途径，而且要触及心灵，与他们建立起真正的友谊和真正的情感。在沟通内容的范围上，可以从工作意见到生活家常。作为管理者，不但要时刻掌握教师的工作开展状况，还要关心他们的日常生活，及时帮助教师解决生活、工作中的各种困难，让他们感受到来自工作的温暖。这样一来他们便会敞开心扉，积极表达自身的看法，对于幼儿园管理工作的健康发展、幼儿园整体的发展都具有重要的意义。

策略四：发挥教师的个人特长，调动其能动性与积极性

园长在日常工作中，要善于识人、敢于用人，为教师创造条件，使每个人都有机会发挥自己的才干和特长。只有这样才能激发教师的内在动力，调动他们的积极性和主动性，从而使幼儿园的管理更为有效。因此，知人善用是幼儿园园长激发教师积极性、提高管理绩效的一件法宝。教师在各个方面的能力各有所长，比如有的幼儿教师擅长课堂教学，有的教师擅长美术歌舞，有的教师善于与幼儿沟通、处理家园关系等。作为幼儿园的管理者，要实施人性化管理，非常关键的一点就是要了解每位教师的长处并加以合理安排，将他们的优势最大限度发挥出来。这一方面有利于幼儿园教学工作的正常开展；另一方面又能让教师收获一种成就感和一种被需求的感觉，让他们体会到自己对于幼儿

园的重要性。

2017年7月，我走了出华东师范大学的校门，走上了幼儿教师的工作岗位。9月23日，带着对学前教育的理想和使命感，我走进了锦苑实验幼儿园。黄园长非常亲切和热情，她为我介绍了幼儿园的发展历史和目前的教育工作。为了让我尽快适应工作，她给了我一个星期的时间，在大班的三个班级进行观摩学习。由于小（二）班的一位老师休产假，黄园长决定让我去小班试试做专职教师，并安排了经验丰富、待人亲切的谢老师和我搭班。这个时间段距小班入园刚满一个月，而我此前并没有带小班的经验，如何带好小班、融入班级、理解幼儿、帮助幼儿，成为我工作的重心。作为一名没有育儿经验的男教师，我刚开始接触小班幼儿时有点手足无措。孩子哭了怎么安慰？尿湿裤子怎么办？吃饭挑食、午睡哭闹，刚入园的幼儿真的很难带。黄园长嘱托班级里的两位女教师主要负责幼儿的生活方面，分担了我照顾幼儿的压力。与幼儿相处了一段时间以后，我内心的情感也发生了转变。起初，我只是将他们当作我的学生，后来我走进了幼儿的世界，成为他们的朋友，陪他们玩耍，有时候也像他们的爸爸，尽心尽力照顾他们的生活。事实证明，黄园长当时的决定非常正确，使我不仅很快适应了带班工作，也在实际工作中提高了教育教学能力。我十分感谢黄园长。

五、课题研究成效显著

课题研究期间，在"仁爱育才"办园思想的影响下，在园长引领教师的成长中，我园从"精神上鼓励""实践中支持"两个维度进行了策略性的研究和实践性的总结，研究成效显著。

1. 园长的角色定位逐步准确，管理水平不断提高

园长在指导教师成长的过程中，打造具有凝聚力、创造力、团结向上的团队，用人格魅力引领教师确立适合自身专业发展的方向和目标，用教育技能指导教师的教育行为。在这一过程中，园长积极扮演着倾听者、发现者、质疑者、引领者、支持者、合作者、服务者的角色，积累个人的管理经验，同时提

升专业能力，促进自身的成长。我园黄志静园长先后获得芜湖市"百姓学习之星""安徽省少儿（幼儿）素质教育工作先进个人""芜湖市优秀教师""江城最美教师"等荣誉；获选政协鸠江区第七届委员、芜湖市第十六届人民代表大会代表；被任命为鸠江区学前教育教研员，引领全区幼儿园的教科研工作，在指导教师教科研比赛中也获得了不错的成绩。

2. 搭建多样平台，建立教师专业发展共同体

课题研究期间，在园长的指导下，我园搭建了一系列教师专业发展的平台，探索促进教师专业成长的有效方法，真正将尊重教师、信任教师、发挥教师的主体地位、调动教师主动性的理念落到实处。教师的角色观念得到了转变，角色定位也逐步准确，制定了个人发展规划，完善了个人成长档案，以学习、观察、记录、反思为抓手，或经验分享，或互相探讨，或合作学习，或友好竞争，促进了个人与集体的共同提高。在研究过程中，我园教师也取得了一些教科研成绩：我园教师的教玩具制作获得安徽省一等奖；在连续两届安徽省微课大赛中有5幅作品获得省级一等奖、一幅作品获得省级三等奖；"六月儿童科学乐"获得安徽省二等奖；小雏菊体操队荣获芜湖市"体彩杯"幼儿体操大赛一等奖第一名；"娃娃乐""幼儿现场书画比赛""教师教育信息化大赛"均获得优异的成绩。

3. 进一步明确各岗位职责，完善了幼儿园的各项制度

我园在开园之初即有明确的岗位职责，制定出幼儿园的各项规章制度，但在实际执行中却发现有这样那样的不足。在本次课题研究过程中，我们对幼儿园的各项制度进行了进一步修改和规范，注重抓责任的追究，采取责任化、量化、民主化的管理模式，完善一系列适合我园发展的量化考核条例、各类人员规章制度和各类人员岗位职责等管理制度。其内容涉及幼儿园的方方面面，使幼儿园的管理更加制度化、规范化。当然，在发挥制度约束作用的同时，我们还注重抓制度的激励作用。幼儿园设有全勤奖、教学随笔、论文、锦幼好教师等多项奖励。这些制度的制定和实施，不仅有效地保证了幼儿园各项工作的有序进行，还极大地激发了教职员工的工作热情和积极性，使班级之间、教师之间形成了你追我赶又团结协作的工作氛围。通过实施有效的绩效管理，为教师创造了更多的自主权和更多参与管理的机会。

4. 建立总、分园共同发展愿景，形成办园合力

在集团化办学的号召下，在园长引领教师成长的过程中，两园成立园务委员会，做任何事都集体研究、集体讨论。总园渐渐规范的科学管理，缩短了分园摸索探寻阶段，为分园的快速发展提供了保障。总园近几年师资的管理模式，为分园的师资管理提供了样本。在课题研究期间，分园承担了芜湖市学前教育宣传月暨特色游戏观摩活动，接待了来自全市幼儿园近250名园长与教师，并获得了市领导及观摩教师的高度评价，成功创建了市语言文字示范单位、芜湖市一类幼儿园。在园长引领教师成长的过程中，建立了总、分园共同发展的愿景：把师资队伍建设、教科研作为工作的中心，狠抓师德建设；根据各自园的优势与特色，以"课题"为载体，以"问题"为依托，切实开展园本教研，逐步建构幼儿园课程体系；搞好名师工程，培养教学骨干、学科带头人，为鸠江区学前教育的蓬勃发展输送血液。

我们相信，有园长的引领，有全体教师的不懈努力、有幼儿渴望探究的心、有家长的支持与配合，我们将在继续深入研究探讨、总结经验、反思不足的基础上，汲取成功经验，自加压力、开发潜力，开创课题研究的新篇章。

（黄志静）

人本思想下的幼儿园人性化管理途径分析建议

一、幼儿园实施人性化管理的必要性

陶行知先生对于教育的看法是"以人教人"，就是用一颗具有生命的心去碰撞另一颗具有生命的心，用灵魂去感染灵魂，是教师通过自身的努力去影响学生。简而言之，教育是一种具有人性、具有灵魂的人与人的关系，是一种主体与主体之间相互平等的关系。所以在幼儿教育工作中，应当突出人性化。因为只有人性化的管理，才能使幼儿教师受到感染与切身的启发，使他们在教育工作中也以人性化的方式来对待每个鲜活的生命，使幼儿在人性化的关爱下健康茁壮成长。另外，教师的行为活动也有着非常鲜明的个性特征，需要具有非常强的主动性与自觉性，而这种主动性与自觉性则来自教师的人格力量。幼儿园要帮助教师养成适合幼儿教育工作的人格力量，依靠硬性、死板的制度管理是达不到目标的，因为它不能唤发人自身的主动性与自觉性。必须要以活性的人性化管理方式才能达到目标，这也正是人性化管理的根本目标之一。

以编者个人自身的实际管理经验来做案例。幼儿园中有一位应届毕业的幼儿教师，当她才来幼儿园的时候，编者能够感受到她对这份工作的热情与对幼儿的关爱。但是时间久了，她似乎觉得实际的工作情况与想象的存在差距。于是在工作上，在对待幼儿方面日渐冷淡了起来。此时作为园长的编者并没有马上按照传统的管理方式去教育她，而是作为朋友去引导她，让她能够明白幼儿园工作的意义，以及人生道路上能够坚持初衷便是最大的胜利者。在这样的鼓励与开导之下，她能够清楚地感受到幼儿园的人性氛围，并受到人性化管理方式正面、积极的影响与启发，最终使其能够将人性化的管理与处事理念施展到班级管理与幼儿教育当中，切实有效地提高了幼儿园管理与教学工作的有效性。从这个案例中不难看出，在幼儿园实施人性化管理具有非常重要的意义，不论是对教师、对幼儿，或是对幼儿园自身的发展，都是非常关键的。

二、幼儿园人性化管理途径建议

（一）为教师营造一个良好的人文环境

1. 尊重所有教师

作为幼儿园的管理者，服务理念是必须具备的，这是在现代管理理念下搞好管理工作的基本条件。既然要服务，首先就要学会尊重。在实际的幼儿园管理工作中，要尊重教师的人格，尊重他们的工作，尊重他们的意见，尊重他们的一切，让他们能够感受到自己在幼儿园中的地位与作用是必不可少的。这对于激发教师工作的能动性与创造性是非常有效的。因为他们会把自己看作幼儿园的组成部分，是幼儿园的主人，会将自身的发展与幼儿园的发展联系到一起，最终为幼儿园的发展起到极大的推动作用。例如，我园让全体教师参与幼儿园目标的制定，讨论策划幼儿园规划，审议幼儿园工作，对涉及切身利益的生活福利、奖金分配等问题参加讨论决策。这一系列活动都突出了对教师的尊重，有助于积极性调动和主人翁感的形成，促使教师以做好幼儿园工作为己任，自觉自愿地贡献出自己的智慧与经验，为实现幼儿园工作目标而共同努力。

2. 要加强与教师之间的心灵沟通

教师作为幼儿教育的主体，经历着日复一日的程序化工作，他们面对正在成长的个体，必须付出大量的时间与精力，要处理许多与教学无关的事务和面对自身发展的压力，还要面对社会、组织和环境等提出的各种要求，这些因素可能促使教师产生倦怠感和挫败感。管理者应及时体察并结合自身的经验和教师交流，既增加了教师对园长的理解，同时也让教师体会到园长对自己的理解。让教师通过体味他人的困难而正确面对自己的困境和难题，消除心中倦怠、挫败等消极情绪。园长体贴、和善的态度和有效的沟通，让教师感到其有如身边的亲人一般，能产生强烈的认同感。

（二）发挥教师的个人特长，调动其能动性与积极性

我们每个人都有自己擅长的东西，每个人之间都存在着或大或小的个体差异。比如有的幼儿教师擅长教学、引导，有的教师擅长美术、歌舞，有的教师

善于与幼儿沟通。作为幼儿园的管理者，要实施人性化管理，非常关键的一点就是要了解幼儿教师的个人所长，并加以合理利用，将他们的价值最大限度地发挥出来。一来有利于幼儿园教学工作的开展；二来又能让幼儿教师收获一种成就感和一种被需求的感觉，让他们能够体会到自己对于幼儿园的重要性。当他们得到一个自身特长得以发挥的平台，自身的价值得以实现时，便会更加牢固树立在幼儿园干下去的想法。比如我园一教师擅长绘画，编者作为园长鼓励该教师在幼儿园内举办了一个幼儿画展活动，并由该教师负责对幼儿的指导以及活动的细节安排，充分信任他，发挥其特长与潜能，让他感受到来自幼儿园的重视。这样一来，他便会更加坚定树立在幼儿园好好干下去的决心。所以，幼儿园管理者对于每位教师的个人情况要做到心里有数，并为他们创造一个展示自己、锻炼自己的机会，在工作安排上做到扬长避短、各取所需，将他们的个人优势充分发挥出来，最大限度调动其能动性与积极性，在园内形成一股合力，促进幼儿园各项工作有效开展。

（三）制定科学的管理机制，强化教师的行为动机

一方面，幼儿园管理者若能在薪酬福利方面完善奖金和福利分配方案，根据工作要求、教师个人的工作经验、专业能力水平及工资标准来发放，教师的满意度会较高，对幼儿园来说也是有利的。另一方面，在物质激励不够的情况下，针对教师的特点，充分做好精神激励的文章。通过编者自身实际的幼儿园管理经验可以看出，科学制定管理制度，合理进行能动性激发，能够非常有效地调动每位教师的工作热情与积极性，使他们将自身的利益、未来的发展与幼儿园结合在一起，最终实现园方与教师双赢的局面，使幼儿园广受家长及社会的赞赏与好评。

（四）突出幼儿教师工作考评的人性化

1. 要转变思想，明确评价目标

一是帮助教师树立正确的评价观，认识到自己的工作状况将影响自己在社会或幼儿园中的形象与价值；二是管理者要从"法官"的角色中走出来，认识到评价的目的在于促进发展。因此，应协助教师顺利完成任务并取得成功。

2. 要客观公正

对教师工作的评价要尽量做到客观公正，不分亲疏，一视同仁。要认识

到考核评定工作只是反映教师工作的某些方面而非全部，切忌把评价结果绝对化。要认识到评价工作只能在一定程度上起到激发积极性的作用，教师的工作动力从根本上还是来自教师的自觉努力和高度的责任感。

3. 建立促进教师发展、促进幼儿园工作上水平的评价制度

对教师的评价必须合理定位，统筹考虑，追求最佳的综合效益；要以促进幼儿园工作水平，促进教师队伍整体素质的提高和促进教师的发展为目的；要制定科学合理的评价标准，处理好发展性评价与鉴定性、管理性评价的关系，以及定量评价与定性评价的关系，采取多元化的评价模式。评价制度要给予教师充分的理解和尊重，为教师创造一个积极而宽松的工作环境。

在制定考评细则的时候，并不应将重心放在"罚"上面，而是应放在"奖"上面。比如，当教师群体中有一些多数人都没有做好且较为突出的问题，我们不应急于对他们进行处罚而应对做得好的人给予适当的奖励，并通过文字明确记录于考评细则中。这样一来，既有效激励了没有做好的人尽力做好某件事情，又不会使其对管理方式存在意见，而是通过改变自身的做法，赢得奖励与尊重。

三、结语

幼儿园人性化管理的实现并非文中所阐述的那么简单，它具有一个庞大的体系结构，本文总结出我们认为非常重要的几点，但还有许多细节之处需要注意。这需要我们幼儿园的管理者与教育者在实际的工作当中不断总结、不断摸索、不断学习、不断改进管理方式，才能完全实现，因为"气有浩然，学无止境"。

（黄志静）

与时俱进　路在前方

——童谣特色课程的开发实施

童谣来源于民间，是中国民间文化的重要分支，也是中国传统乡土民间文化的杰出代表。但是，传统的童谣教学往往停留在让幼儿记忆、朗读的层面，重语言、技巧，轻审美、感受，童谣的教育价值没有得到充分挖掘。如何开展童谣活动，让幼儿真正感受美、表现美和创造美呢？现编者就童谣课程在开发（探索）、实施（精炼）这一路上的感悟，谈几点做法及反思。

一、有的放矢——计划与准备环节

因我园年轻教师居多，新生力量亟待发展教科研水平，他们需要一个有一定严谨规范的教研氛围和新颖的能够自我成长的创新舞台。为此，在幼儿园创办初期，编者有了以下几点想法及做法。

1. 制定园所教育整体方案，研发园本教材

苏霍姆林斯基说："任何一种教育现象，孩子在其中越少感受到教育者的意图，教育效果就越大。"在课程设置中，游戏中的幼儿是最积极主动的。我园从实际出发，因地制宜，实行素质教育。我园园本课程的开发围绕明确的办园宗旨和教育思想，找准自己独特的发展方向，根据软硬件条件设置自己特色的课程。园本课程的开发是很不容易的，要有一支高素质的队伍予以承担、开发、实践、评价、反思、改进。有了这样的保证，才能更好地开发自己的园本课程。我们借鉴优秀的主题课程，结合园本所需，整合创新，研发幼儿喜欢的园本教材——童谣。

2. 充分利用教师特长优势，搭建特色教育平台

我园园本教研的一个主要特点就是根据本园实际，立足解决本园问题，并办出特色。园所要办出水平、办出特色，必须充分挖掘自身潜力。我园音乐艺术专业毕业生占全体专职教师的三分之一，为了达到这一目标，充分发挥特长教师的优势，培养几名音乐编曲特长教师并不困难，但要使全园所有的教师都能编一首好曲，这就不是一件容易的事了。要努力在原有特长教师的基础上，扩展到音乐艺术创编组，毕竟"百花盛开春满园"才是我们的终极目标。于是，利用园本教研的时间，我园安排在音乐方面有特长的教师指导全园教师学习音乐编曲。全园教师利用业余时间自练，待下一次教研时，特长教师再对各教师作品分析，并提出指导意见。特长教师带领普通教师学习，普通教师尝试创编，园长全程参与鼓励，这一反复循环模式，形成了我园"音乐艺术教育"的模式。教学教研能力强的教师不多没关系，可以用能力强的教师带动；教学经验丰富的教师不多没关系，可以多鼓励85后、90后的年轻教师发扬优势、不断进取。搭建特色教育平台，我们在路上。

3. 改革教学方式，充分利用周边高校和科研机构教育资源

《联合国儿童权利公约》中对幼儿游戏的权利和艺术活动的权利进行强调，正是这些新的共识与理论的推动，加大了学前教育的改革力度。当然，这不是一蹴而就的，需要家庭教育的大力支持。改革不仅是观念理念的创新，更涉及课程设置、教育内容、教育方式等多方面的创新。

为了全园教师能在专业领域迅速成长，我园举办各类有针对性的活动其中包括多次组织关于童谣的园本课程讲座，如安徽师范大学博士生导师王安潮教授关于童谣编曲，以及安徽皖江学院学前教育系张更力教授、市教科所孔立新教授关于如何做实课题的系列讲座。举办多次童谣实践活动，如举办童谣文化节、童谣诵、童谣游园会、童谣亲子活动等20余场全园家、师、幼普及实践活动，以及顺利完成市级童谣研究课题《以创编童谣为依托，促进师幼共同发展的行动研究》，旨在通过采用系列化方式对童谣进行深度挖掘，让幼儿体验感悟，并在探索整合中传承与创新传统教育。

二、有条不紊——分阶段开展实践

1. 预研究阶段（2012年9月—2012年12月）

幼儿园课程是实现幼儿园教育目的的手段，是帮助幼儿获得有益的学习经验，促进身心全面和谐发展的各种活动的总和。我园在筹备初期确定了研究方向，旨在迅速提升教师的专业发展。通过查阅国内外相关课题的研究文献，邀请相关专家多次论证，外出调研，最终确定了本课题的研究方向及目标。

2. 准备阶段（2012年12月—2013年4月）

童谣作为我园民族文化宝库中的一颗明珠，口耳相传，千年璀璨，在厚重的历史尘埃中也难掩其美。童谣是幼儿成长期一种重要的教育形式，具有任何动画、玩具都不可替代的滋养心灵的作用。在幼儿牙牙学语之际，童谣就成为幼儿学习的一种"教材"。如何让童谣这个"教材"深入幼儿的内心世界，美化幼儿的心灵，这让我们下定决心，不畏艰难，制定园所教育整体方案，规划园本课程体系，研发园本教材。

3. 实施阶段（2012年5月—至今）

通过园内网站和外出调研等方式向社会各界人士倡议，收集内容积极向上、浅显易懂的童谣。

（1）每月两次邀请学前教育专家和专业领域教授为教师开设课题课程讲座。

（2）每周一次集体备课，同课异构、整合学科、活动反思、分组教研、集体教研。

每位教师结合园本童谣文化的大背景，根据自身的特长和理解选择合适的教学内容，设计活动方案进行交流展示，活动涉及健康、语言、音乐、社会、科学等五大领域。活动结束后，开课教师对开课活动进行及时的自评和反思，筛选出符合各年龄段幼儿认知特点、有教育意义、幼儿喜欢且易于接受的主题课程，如童谣《会走的花》："'哗哗哗'下雨了，走来一群小娃娃。红的伞，绿的伞，路上开满会走的花。"这首童谣读来朗朗上口，易于记忆，从浅显易懂的内容里，幼儿可以学习一些生活经验，知道下雨要打雨伞。这首童谣可以整合成语言、社会领域的课程，适用于小班幼儿；也可以整合成艺术领域

（音乐、美工）的课程，适用于中班幼儿；还可以创编成非常适用于幼儿的户外健康活动。

（3）每学期定期开展"童谣文化节"，发动家园合作。

家庭教育是幼儿的第一课堂，父母则是幼儿的第一任老师。基于成功的幼儿教育是家庭教育和幼儿园教育相结合、共同合作的原则，我园动用庞大的家庭体系，力求做到以点带面，如以一名幼儿辐射一个家庭、以一个家庭带动整个社会，让全社会都参与到传承传统文化的队伍中来。我园开展亲子童谣游园会、童谣传唱PK赛、童谣课程开放周等活动，让幼儿的家庭成员都来目睹幼儿的精彩点滴，参与幼儿的快乐成长。

三、有志竟成——坚定特色发展

（一）研究实施童谣课程路上的困惑与反思

童谣是什么？多年来专家与学者一直争论不休，有学者把童谣与儿歌等同视之，有学者曾对童谣进行形象比喻，未达成统一认识。中央教科所学校教育研究部主任、教授刘惊铎认为："童谣就像压缩饼干，融合了中国传统文化的优秀成果和世界优秀文化的传统因子。"

在收集整理修改童谣的过程中，有时难免让我们犯难。如《小板凳你莫歪》："小板凳，你莫歪，让我爹爹坐下来，我替爹爹捶捶背，爹爹叫我好宝贝。"这首童谣，我们在教育实践时保留了原意，但进行了修改："小板凳，你莫歪，我扶爷爷坐下来，我替爷爷捶捶背，爷爷夸我好乖乖。"在当今普通话普及的时代，孩子们对爹爹的含义已经模糊了。实践活动中，幼儿对"爷爷"更能记忆深刻，从而这样的改动使童谣朗朗上口。

那么，如何选择童谣呢？通过反复实践研究，我园目前是这样选择的：能反映时代主题，具有正面教育意义，适合幼儿年龄特点，受幼儿喜爱的有节奏的韵文，其内容纯朴率真，声调自然顺口，形式多样，便于幼儿随心所欲地诵读。我们归纳为以下四类：

1. 行为习惯类

如《大老虎》："白白米饭，豆腐鸡蛋，青菜肉汤，喷香喷香，我来做个大老虎，阿呜一口都吃光。"再如《上下楼梯》："上下楼梯要注意，不跑不跳也不挤（为押韵将原文中"赶"字改为"挤"字），靠着右边慢慢走，小手搭好木栏杆。一二一二一二一，左右左右左右左，两只小脚轮流走，宝宝已上好楼梯。"

2. 情感教育类

如《幼儿园像我家》二十年前就是幼儿入园后的第一节语言课，为什么沿用至今？因为童谣浅显易懂，让幼儿很快就和陌生的老师拉近了距离，消除了距离感。再如增强民族自豪感的《这个家庭叫中华》："你家住在长江边，我家住在长城下，他家住在阿里山，东南西北千万家。你家我家他的家，合成一个幸福家，这个家庭叫中华，我们是家里的好娃娃。"

3. 科普认知类

如《九九歌》："一九二九不出手，三九四九冰上走；五九六九隔河望柳，七九河开，八九雁来，九九耕牛遍地走。"再如《节日歌》："小孩小孩你别馋，过了腊八就是年。贴窗花，点鞭炮，回家过年齐欢笑。摇啊摇，看花灯，我们一起闹元宵。清明节，雨纷纷，大地开始冒春苗。赛龙舟，过端午，粽子艾香满堂飘。盼啊盼，过七夕，牛郎织女会鹊桥。中秋节，杏儿肥，十五月圆当空照。重阳节，要敬老，转眼又是新春到。年年岁岁，岁岁年年，福星高照。"

4. 童趣游戏类

如《大象》："大象大象，鼻子真长。卷起青草，放到嘴里尝尝。吸进池水，喷到身上冲凉。干活光用鼻子，鼻子越用越长。"又如《颠倒歌》《十二生肖》等。

在实践中，我们发现童谣也需要与时俱进。因为童谣也是具有时代性的，我们在传承优秀的民间童谣的同时，也要关注当代幼儿的认知需求及特点。

（二）坚定实践路上的收获

童谣的确是"压缩饼干"，它对于儿童知识面的扩大、能力的培养、情感的熏陶、美感的启迪，都有着潜移默化的作用。用童谣引导教育幼儿，是幼儿乐于接受的好方法。

1. 创设环境，用童谣串起一日活动，帮助幼儿建立良好的常规

常规是幼儿应该遵守的基本行为规则，它对于班级正常的保教秩序及幼

儿发展本身都有着极为重要的意义。我们用幼儿熟悉的童谣将一日活动串联起来，使幼儿在歌谣中建立良好的班级常规。早上，幼儿在《我上幼儿园》等童谣声中入园；上午，幼儿在《丢手绢》的童谣声中玩耍。"洗手前，先卷袖，再用清水洗洗手，擦上肥皂搓一搓，指间指缝都搓到，哗哗流水冲一冲，我的小手洗净了。"在朗朗上口的童谣声中，教师一边给幼儿做示范，一边帮助个别年龄较小、体弱的幼儿。童谣念完，幼儿们的小手也都变干净了。午餐时，在《不挑食》中开始；午睡时，老师念起了童谣《摇啊摇》，幼儿很快进入了梦乡；起床了，幼儿在《叠被被》中来拉开序幕；区域活动时，幼儿在《划龙船》《踢花毽》中愉快地结束。

2. 利用童谣，通过各种形式促进幼儿各方面能力的发展

（1）促进幼儿语言表现与表达的能力发展

《幼儿园教育指导纲要》指出："发展幼儿语言的关键，是创设一个能使他们想说、敢说、喜说、有机会说，并能得到积极应答的环境。"这就要求我们必须为幼儿创设一个积极的语言环境。而童谣与幼儿的生活经验息息相关，是伴随着历代人们的生活习俗和劳动生产，从各个不同的角度创作的。学习这些童谣，对幼儿的口头语言表达有很大的帮助。在童谣中，有许多表达夸张的内容。如有"百年童谣之最"之称的《摇啊摇》："摇啊摇，摇到外婆桥，外婆叫我好宝宝。糖一包，果一包，外婆买条鱼来烧。头勿熟，尾巴焦，盛在碗里吱吱叫，吃到肚里豁虎跳。跳啊跳，一跳跳到卖鱼桥，宝宝乐得哈哈笑。"

幼儿在学习时觉得有趣又好玩，从而乐于学习。同时，我们也鼓励幼儿进行类似的创编活动。在这样的练习中，幼儿的语言表达也就大胆起来了。如童谣《春雨》："滴答，滴答，下小雨啦！种子说：'下吧，下吧，我要发芽。'梨树说：'下吧，下吧，我要开花。'麦苗说：'下吧，下吧，我要长大。'小朋友们说：'下吧，下吧，我要种瓜。'"通过反复诵读，不但可以帮助幼儿学习语言，也使他们的表达能力得到提高。这些练习让幼儿有了更多的表现与表达的机会，他们的表现欲望增强了，说的机会更多了，自然语言也就流畅了。

（2）促进幼儿社会经验的形成和社会性能力的发展

皮亚杰认为，幼儿社会性的发展同其思维的发展紧密结合在一起，尤其是语言的发展。而童谣正是社会发展中积淀下来的优秀语言，幼儿学习童谣不仅可以发展语言、促进认知，而且可以促进其社会性的发展。

①在童谣中了解家乡，建立爱家乡的情感。

《儿童学习与发展指南》提出："充分利用社会资源，引导幼儿实际感受祖国文化的丰富与优秀，感受家乡的变化和发展，激发幼儿爱家乡、爱祖国的情感。"如教师和幼儿一起创编的童谣《芜湖芜湖我爱你》："芜湖芜湖我爱你，风光好来树儿高，花儿开满地，方特赭山笑声多，宝宝贝贝齐欢笑，笑咱家乡好风景，笑咱明天更美好。"幼儿只有在了解家乡的基础上，才能体会家乡的美，才能建立爱家乡的情感，增强小主人翁的意识。

②在童谣游戏中，培养幼儿的合作意识。

童谣伴随着幼儿生活，能使幼儿的身心得到健康发展，特别是占很大比重的童谣游戏，更是和幼儿的多种活动紧密地结合在一起。在童谣《划龙船》中，五人一组，分别让幼儿通过"拍拍猜"选出划船手、敲锣手，大家一边念童谣一边穿过障碍物，划动前进。这样的游戏活动，既教学了童谣，又锻炼了幼儿的合作能力。此类童谣还有《过新年》等。

③在童谣艺术活动中提升幼儿的审美能力。

童谣这一语言文学形式，以其跳跃、轻快的节奏吸引人，将其和音乐节奏相结合，更能淋漓尽致地表现其特色。我园利用教师自身优势，已将大部分童谣与歌曲相结合，优美、舒缓的音乐可以使幼儿更易理解童谣表达的情感。也可以结合表演，让幼儿通过回忆、模仿来表达自己的情感。童谣还可与民乐、绘画相结合，声音、画面、音乐相互交融，相辅相成，能激活幼儿的情感经验，从而表现美、创造美，在潜移默化中提升幼儿的审美能力。

我们需要立足园本，充分利用童谣资源，将符合幼儿年龄特点的童谣融入幼儿的教育活动中，让师幼共同发展的行动研究更加有效。这样的教育活动得到了幼儿的喜爱，更得到了家长们的认可和参与。正如金波教授所说："好的童谣是心灵鸡汤，它能滋润孩子们的心灵，帮助他们健康成长。"让我们一起了解并传承童谣，唱响新童谣吧！

（黄志静）

传承初始

——论如何让幼儿受益于童谣

童谣根据内容大致分为游戏、常识、礼仪和情感四大类，其蕴含的"爱"可以滋润幼儿心田，陶冶幼儿情操；"识"可以启迪幼儿智力，发展认知能力；"美"可以培养幼儿的审美意识，提高艺术鉴赏力；"趣"可以激发幼儿的活动兴趣，促进身体发展。

一、利用童谣内容，影响幼儿对知识及精神的感知

童谣不仅对幼儿的传统文化教育起到启蒙作用，其所蕴含的丰富知识及精神思想对幼儿的全面发展也会产生积极影响。

1. "爱"——滋润幼儿心田，陶冶幼儿情操

童谣以明快优美的节奏旋律和真挚的情感，带给幼儿情感上愉悦的享受和熏陶。如《排排坐，吃果果》："排排坐，吃果果，幼儿园里朋友多。你一个，我一个，大的分给你，小的留给我。"简短的一首童谣让幼儿在两两合作中获得与好朋友一起游戏的快乐体验。这些快乐让幼儿的身心得到极大满足，影响和促进幼儿形成积极良好的情感。很多童谣以爱为创作主题，幼儿可以从中感受到老师和同伴的亲切友善之意、亲人和朋友的关心爱护之情，使幼儿情感上产生共鸣，心理上得到满足。如童谣《小拐棍》："我扶奶奶上街走，奶奶乐得直点头。我是奶奶小拐棍，奶奶走路不发愁。"通过诵读这样的童谣，使幼儿从内心感悟童谣中尊敬长辈、关爱他人的传统美德。

2. "识"——启迪幼儿智力，发展认知能力

童谣中很多作品的题材都以社会生活常识和自然科学知识为主，这些童谣不但生动有趣，而且题材包罗万象。不仅能满足幼儿好奇的心理，而且能帮助幼儿形象地感知自然、认识社会，从中获得新的知识经验。如《孔雀和鸵鸟》："孔雀爱穿花长裙，鸵鸟爱穿超短裙。孔雀舞蹈得第一，鸵鸟赛跑当冠军。"就是采用了拟人的手法，对小动物进行具体的特征描述，满足幼儿好奇的心理。还有大家耳熟能详的童谣《五月五》："五月五，是端午，门插艾，香满堂，吃粽子，蘸白糖，龙舟下水喜洋洋。"这首童谣描述了端午节的传统活动，生动形象地概括了人们过端午的民风习俗。

3. "美"——培养幼儿的审美意识，提高艺术鉴赏力

蕴含着丰富审美意境的童谣主要来源于自然生活，而幼儿总是喜欢用自己创造性的想象来认识和理解一切事物。通过欣赏或诵读不同题材、不同风格、不同内容的童谣，可使幼儿的审美意识和艺术鉴赏能力逐渐得到培养和提高。如童谣《春天》："春天到，天气好，桃花杏花都开了。蜜蜂来采蜜，蝴蝶来舞蹈，小雨水里游，小鸟树上叫，大家欢迎春天到。"这首富有韵律、节奏欢快的童谣对春天大自然中生机勃勃、欣欣向荣的景象进行了描绘。这些五彩缤纷的事物能够引起幼儿的感官兴趣，触动幼儿的审美感觉。

4. "趣"——激发幼儿的活动兴趣，促进身体发展

童谣节奏明快、趣味性强，它的传播在很大程度上是通过游戏的方式来实现的。例如小时候我们在跳绳时唱的童谣："金苹果，金苹果，金金金。银苹果，银苹果，银银银。"教师可以在组织幼儿进行健康活动时，让幼儿边玩边念。这样既增加了幼儿学习语言的趣味性，又可以使健康活动更生动、更活泼，对幼儿更有吸引力，也就更能激发幼儿参加活动的积极性，促使幼儿身心健康和谐发展。

二、利用童谣与各领域教学整合，幼儿获得直接体验

童谣是中华民族文化宝库中的一颗明珠，千百年来，口耳相传。童谣在幼儿园课程中的组织与实施，是其教育价值实现的实质性操作。我园把童谣作为园本课程，通过近四年的研究，已初成体系。根据幼儿身心发展特点选择贴近

幼儿实际生活、符合幼儿审美情趣、健康又有趣的优秀童谣，并用幼儿乐于接受的方式融入幼儿教育活动中，具有较强的可操作性。

（一）融入课程教学活动之中

1. 在语言活动中进行童谣教学

教师可以在语言活动中让幼儿欣赏和感受童谣，使幼儿体验民族语言之美。但要注意，在这类活动中，教师要重视幼儿的情感体验，而不是一味地要求幼儿进行简单的机械记忆。

2. 在音乐活动中进行童谣教学

幼儿喜欢节奏感强的音乐，而童谣本身就具有鲜明的音乐性和节奏感，结合轻快活泼的音乐唱童谣显然比单调地诵读更能激发幼儿的兴趣。我们以童谣为歌词，配上幼儿熟悉的歌曲，也可以用快板、钢琴等为童谣伴奏。毛秀梅老师将童谣《数字歌》配上打击乐器，节奏感更强，引发了幼儿浓厚的学习兴趣；胡清老师巧妙地将传统的民间文化与现代艺术相融合，将童谣《颠倒歌》用流行气息浓厚的《good boy》的音乐唱出来，既生动又诙谐，引得幼儿哈哈大笑。

3. 在数学活动中进行童谣教学

童谣还可以与数学领域的教学活动相结合。幼儿由于认知能力有限，较难理解抽象的数字。童谣中有大量的数字内容，这类童谣往往将数学与文学巧妙地结合起来，例如小班童谣《五指歌》《数蛤蟆》等，幼儿可以在念童谣的过程中轻松地掌握数序，了解一些简单的数字变化。

（二）在环境布置中进行童谣教学

我们还在班级环境创设方面呈现童谣特色，师生们共同布置了浅显生动的童谣墙，把学过的童谣展现在教室里。通过多种灵活而丰富的形式，让幼儿在自主的环境里受到熏陶。

（三）在游戏活动之中进行童谣教学

我们可以通过童谣的游戏化、情景化和生活化，激发幼儿的学习兴趣。

例如许芳老师在组织幼儿学习童谣《羊群里面有只狼》时，在引导幼儿学会童谣的基础上，将童谣的后半段词句与传统体育游戏"猜拳"相结合。幼儿边念童谣，边随童谣有节奏地进行"猜拳"游戏，胜的一方模仿羊的动作，输的一方模仿狼的动作。幼儿玩得不亦乐乎，情绪高涨，主动性得到了很好的发挥。

（四）在主题活动中进行童谣教学

我们围绕童谣开展形式多样的主题活动。例如在亲子活动中，组织家长和幼儿一起收集童谣，一起吟唱、表演、创编童谣，使幼儿通过童谣感受与家人亲密接触的快乐和家庭的温暖。家长可以创编、仿编出适应现代需要的童谣，让我们在老童谣继续传承下去的同时又发展了新童谣。又如在开展"我爱吃蔬菜"主题活动时，特意拓展了有关蔬菜的内容，幼儿积极地搜集，并通过吃一吃、画一画、剪一剪、贴一贴等多种形式来表现，活动效果非常好。

（五）在一日活动中进行童谣教学

在幼儿一日生活中渗透童谣的教学，可以达到潜移默化的效果。我们利用每天晨练和户外活动环节，和幼儿玩一些童谣游戏，如"大花轿""编花篮"等，既激发了幼儿参与体育锻炼的热情，又让幼儿学习、感受了童谣的趣味。又如幼儿每天的饮食起居等环节，我们都用童谣的形式来提醒幼儿遵守各项常规要求，如盥洗童谣、整理物品童谣等，使幼儿良好的行为习惯、生活卫生习惯等在一日生活中自然、巧妙地得到培养。这样不仅使幼儿一日活动的各个环节过渡自然，同时减少了幼儿排队、等待的消极现象。再如吃水果的时候，教师可以和幼儿一起念《排排坐》，让幼儿学会分享和谦让。这种教育形式幼儿乐于接受，效果比单纯说教好得多，还可以随时进行。

（六）在区域活动中进行童谣教学

区域活动是主题活动的延伸和补充。随着主题活动的开展，我们根据幼儿的兴趣及需求在活动区投放了许多有关童谣的操作材料，让幼儿进一步学习、巩固。如在"我喜欢的餐具"主题活动中，我们设置了小餐厅，引导幼儿将童谣《筷子》中的人物用陶泥制作出来，这样可以边操作边学习童谣，幼儿的积极性特别高。

三、利用课题形式夯实幼儿全面发展

近年来，《以创编童谣为依托，促进师幼共同发展的行动研究》课题研究取得了显著成果。

（一）通过课题研究，促进了幼儿多方面能力的发展

经过四年的教学，童谣的幽默与风趣吸引了幼儿浓厚的学习兴趣，一首又一首童谣在幼儿口中传诵。游戏时念童谣，集体活动时念童谣，个别活动时也念童谣，玩耍时离不开童谣，休息时也伴着童谣，使幼儿觉得童谣就像自己的好伙伴一样，时刻不离。现在幼儿园里传唱的不是一些流行歌曲，而是富有童真童趣的"长丝瓜、嫩黄瓜，花花脸儿是西瓜，胖胖个儿是冬瓜……"之类的童谣，对于幼儿知识面的扩大、能力的培养、情感的熏陶、美感的启迪，都有着潜移默化的作用。边念童谣边做游戏，丰富了幼儿的能力，发展了幼儿的智力，增强了幼儿的体质，促进了幼儿的社会交往能力，也使得老祖宗留下来的地方文化在幼儿中广泛流传。

（二）通过课题研究，总结出一套引导幼儿学习童谣的有效教学方法

1. 做做玩玩说童谣

童谣念起来朗朗上口，节奏感很强。可以让幼儿边念童谣边做一些相应的动作、游戏，提高他们学童谣的兴趣。如童谣《编花篮》，如果光是枯燥地学习背诵，幼儿既不会感兴趣，也不理解童谣的内容。如果让幼儿边说边做，效果则大不相同。朗朗上口的童谣，加上有趣的动作，幼儿一边快乐地玩，一边轻松地学。既能帮助幼儿更快地掌握童谣，还能增强幼儿的体质，并且能让他们在相互游戏中锻炼交往能力与合作能力。

2. 说说画画学童谣

学习童谣时，让幼儿边学童谣边根据内容画童谣，能发展幼儿的形象思维能力，拉近文字与绘画的距离。教师尽量给幼儿自由表现的空间，哪怕是一个符号、几根线条、几块色彩，只要是发自他们内心的感受，都应好好保护。尊重幼儿的想象、创意，鼓励他们用自己独特的想法来表现。在这个基础上，再引导他们用画笔画出来。

在画的过程中，既激发了幼儿学习童谣的兴趣，又让幼儿对童谣有了进一步的理解，发掘了幼儿的想象和创造潜能，增强了幼儿的记忆。

3. 快快乐乐唱童谣

童谣的音乐性几乎是自然天成的，祖祖辈辈流传下来的方言歌谣加上谱子，在说唱的过程中保留了非常浓厚的地方特色，展示了地域文化的魅力。这表现在童谣语言的音韵美和节奏感上，其音乐性的重要意义丝毫不亚于语义。为童谣谱上曲，幼儿更乐于接受。如童谣《摇啊摇》，将它与歌曲的形式相结合，能够使童谣的意境锦上添花。优美、舒缓的音乐可以使幼儿更容易理解童谣表达的情感，既让幼儿感受了童谣的音韵美，又发展了幼儿的节奏感。

4. 自编自导演童谣

很多童谣本身就是一个个浓缩但完整的故事，我园教师带领幼儿成立童谣小剧场，开发幼儿的表演能力。在改编童谣故事的过程中，让幼儿的想象自由驰骋，激发他们的兴趣。幼儿一旦有了兴趣，便会乐此不疲地学。如童谣《坐花轿》，我们是这样组织教学的：先让幼儿学会说童谣，然后自由选定角色，有抬轿及坐轿人、打鼓及敲镲人等，幼儿自己制作道具、服装，自编动作。这样既发展了幼儿的交往能力，又锻炼了幼儿的表演能力，可使教学目标轻松完成。

5. 结合生活编童谣

幼儿的潜力是无限的，可以根据传统民谣的形式，鼓励幼儿结合周围事物、景物、人物，即情即景地创编童谣。例如毛秀梅老师在教学童谣《弯弯》时，学了两遍后有位小男孩就说："老师，我也想编一句。"毛老师及时抓住这个教育契机，请他来编。他说："什么弯弯在水里？"这下，所有幼儿的积极性一下子被调动起来，七嘴八舌地编下一句，有的说："小鱼弯弯在水里。"有的说："虾儿弯弯在水里。"还有的说："叶儿弯弯在水里。"幼儿的创新思维喷涌而出，词汇新颖且依据原作的格式，创编能力令人惊叹。

（三）通过课题研究，发现了童谣与主题活动整合的各种策略

在童谣的教学研究中我们发现，将童谣应用在幼儿园的主题活动中，可以达到意想不到的效果。根据童谣在主题活动中作用的不同，整合的方式方法也有所区别。具体的整合策略如下：

1. 童谣作为活动开始的前奏的策略

好的开始是学习活动成功的重要前提。因此，大部分教师都想让活动的开始部分能吸引幼儿，同时也具有新意。童谣具有不同于一般语言的形式和节奏，它轻快活泼、通俗易懂，极易激发幼儿的兴趣。特别是猜谜语，其幽默风趣、朗朗上口的特殊魅力更容易调动幼儿的积极性。因此，把童谣作为活动开始的前奏，更容易引导幼儿进入教师预设的活动氛围中，便于活动的顺利开展。

2. 童谣作为活动过程中间推进环节的策略

良好的学习活动具有鲜明的线索贯穿始终，让活动饱满而集中。运用童谣不仅可以让活动主题更鲜明，也利于幼儿的理解和操作，沉浸在浓郁的活动氛围中。在进行需要幼儿实践并动手操作的活动时，童谣的反复出现还可以帮助幼儿理解操作技巧，提高表现表达技能。

中班的学习活动"画螃蟹"的展开阶段，胡沁老师用以前教过的一个手指谣让幼儿对于螃蟹的特征再次进行巩固："一只螃蟹八条腿，脑袋尖尖在喝水，爬呀爬呀爬，爬呀爬呀爬。"胡老师又强调了螃蟹的一个特征："大拇指是螃蟹的两个大眼睛，左右四个手指是螃蟹的四条腿，一共八条腿。"以此作为作画的一个要求，是一个"立体展现"，幼儿很轻松就掌握了绘画的方法与步骤。

3. 童谣作为活动总结的策略

活动的结束阶段也是不可忽视的环节，好的结尾应该能帮助幼儿系统梳理整个活动内容，让幼儿感到活动圆满结束，却又恋恋不舍、回味无穷。而童谣的适当运用不仅形象生动，也可以实现这样的效果。

中班的"团结友爱亲又亲"活动结束时，范莹老师这样结尾："一颗星，冷清清。两颗星，亮晶晶。三颗、四颗、五颗星，汇成星河放光明。一个人，孤零零。两个人，喜盈盈。三个、四个、五个人，团结友爱亲又亲。"让幼儿懂得只有团结友爱，才会生活幸福。

当然，在一个整合活动中，上述方式并不是单一的。既可以出现单一童谣，也可以多首童谣并存；既可以在活动开始时出现，也可以在中间或结尾出现，还可以根据需要同时使用，使活动取得更好的效果。

我园把童谣作为园本课程，目前已形成《聆听花开的声音——曲谱集》《吟赏—花韵——童谣集》《品闻—花香——教案集》《花果—飘香——论文集》等。虽然童谣课题已初步顺利结题，但是我们想形成具有本园特色的童谣园本课程体系。都说"心有多大，舞台就有多大"，前方的路可能布满荆棘，但是在探索求知的路上，我们会勇敢前行！

（黄志静）

鸠江区学前教育名师工作室简介

2015年11月，鸠江区学前教育名师工作室正式成立，这是本区第一个学前教育名师工作室。工作室的理念是努力营造愉快而庄重的教研氛围，发挥集体的智慧，凝聚集体的力量，使工作室成为"研究的平台、成长的阶梯、辐射的中心"。

一、主持人简介

符仁芳，女，汉族，中共党员，1988年出生，热爱幼教行业并坚持在一线岗位工作十余年。作为一名共产党员，她严格要求自己，坚持立德树人，具有较高的工作热情和实践经验，善于接受新事物，有较强的可塑能力。在长期的教育教学活动中形成了自己独特的风格与特色，作为鸠江区第一位学前教育名师工作室的主持人，能积极发挥示范引领的作用，并用工作实际积极提升工作室的辐射功能。

二、工作室的职责与任务

名师工作室是以学习为主导，以研究为主体，以工作为主线，以骨干教师为纽带，以提高教育教学、教育研究能力和促进教师专业成长为目的的研修共同体。工作室在信息化环境下开展活动，传播先进的教育教学理念和方法，充分发挥名优教师在教育强区中的示范、引领、辐射作用，促进鸠江教育高标准、高质量的均衡发展，提升鸠江教育的知名度，为芜湖打造教育名城做贡献。

三、工作室成员

主持人：符仁芳；

顾问指导：鸠江区学前教育教研员黄志静；

工作室格言：越努力，越幸运！

（符仁芳）

鸠江区学前教育名师工作室三年发展规划

一、指导思想

根据《芜湖市鸠江区教育局文件》的具体要求，坚持以"加强教师队伍，提高师德水平和业务能力，增强教师教书育人的荣誉感和责任感"为指导，按照理论与实践相结合、自主与交流相结合、学习与运用相结合、反思与提升相结合的原则，积极营造"资源共享、思想互通、学习互助"的氛围，切实加强教育教学研究活动，注重宣传和辐射，不断提升工作室成员的研究意识、服务意识，促进工作室成员教学指导能力、班级管理水平以及自身教育教学实践能力的提高。逐步使教师形成学有专长、教有特色、为人谦和、富有灵性的人格魅力，让名师工作室真正成为幼师成长的阶梯。

二、工作目标

本工作室以教学为基础，以教研为导向，以培训为主线，以课堂教学为抓手，做一线教师力所能及的研讨，做一线教师实际需要的研讨，做提升专业素养的深度研讨。

三、具体措施

1. 互动学习，提升理论素养，完善自身建设

教师通过听专业讲座、看有关幼教书籍等多种形式提升自身素养，自觉遵守幼儿教师职业道德规范，积极主动承担工作任务，结合自身实际情况制订符合自身发展的可行性提升计划。

在每位成员全面剖析自己理论水平现状的基础上，选择符合自身优势领域

的书籍进行学习，做好读书笔记，深刻细致地进行反思，形成书面学习心得。同时需要广泛阅览教育书籍，如《幼儿教育》《早期教育》《学前教育》等幼教核心期刊，随时了解国内外幼教现状和课程改革的方向。

教师需要做好日常教育教学工作，并在日常教育教学工作中形成自己的教育教学风格，注意及时反思、记录、积累教育教学经验，及时进行归纳总结，形成有价值的文章并进行投稿。

2. 提高教科研能力，探究教学风格

本工作室成员不管是资深教师还是年轻教师，希望都有自己独特的教学风格。所以在以后的教育教学中，教师需要通过研读幼教前沿书籍、上网查询、专业培训等方式，不断充实自己，提炼个人的教育教学风格，让自己尽快成长起来。积极参加工作室每学期组织的教学示范活动、教研活动，将自己的教学风格、活动设计、问题的抛出、方法的选择、教学手段的应用等一一展示出来，做好示范引领工作，有目的、有计划、有步骤地传播先进的教育理念和教学方法。同时，在一次次示范引领的过程中逐步稳固自己的教学风格。

3. 自我定位，加强博客建设，寻找上升空间

根据工作室的规划和计划，每位成员需要结合自身的优势和不足，制订相应的三年发展规划和每学年的发展计划，并按照计划逐步实施，提升自我。多关注博客，及时捕捉教育教学活动中的片段、教育趣事、幼儿成长等方面内容，并及时上传，不断充实和更新博客。在网上积极与各位幼教同仁进行互动答疑，进行交流探讨共享，让博客成为教师学习互动的平台、资源共享的平台、成果辐射的平台、不断提升自己的平台。

四、研修内容

1. 团队研修

（1）组织读书活动，开展心得交流，教师根据自己的角度提炼出思想内容，并指导教育教学活动。

（2）不定期举行主题教研活动，交流碰撞思想，教师及时整理出主要对话内容。

（3）每学年开展一次研究展示汇报活动，每位成员都应积极承担其中的工作。

（4）工作室成员经常参加听课活动并做好课堂观察分析和评课记录。

（5）每月进行一次集体交流研讨，并及时整理研讨内容。

2. 个人研修

（1）工作室成员需要不断钻研教育教学理论，并经常做读书笔记。

（2）工作室成员需要有研究意识，不断改进教学方法，努力提高学科教学水平。

（3）工作室成员需要经常观看名家的课堂录像、讲座，接受新的教改成果。

（4）工作室成员需要积极参加各级各项教研活动并取得好成绩。

五、工作室的规章制度

（1）工作室每月定期召开一次工作例会，讨论工作计划，确定工作室成员的阶段性工作目标，安排教科研活动。

（2）工作室成员应按规定履行职责、权利及评价办法。

（3）工作室成员必须完成工作室布置的任务，并有相应的成果，还需努力完成工作室的教研任务和实现个人研修计划。

（4）工作室博客、资料要及时更新，及时通过博客发布工作报道、成员近况、教学设计、典型案例及评析、教育故事、教学反思、活动图片等过程性资料。

（5）学校建立工作室档案，工作室成员的计划、总结、听课、评课记录、公开课、展示课、教案等材料及时收集、存档，及时记录教师专业成长轨迹。

六、保障措施

按照《芜湖市鸠江区教育局文件》精神展开工作，制定本工作室组织领导和各种规章制度，并严格按照制度执行工作室工作。

七、预期效果

通过学前教育名师工作室方案的实施，使工作室成员都能有更大的进步，同时带动、引领更多的幼儿教师，促进其专业成长。

（符仁芳）

精益覃思　跬步千里

——鸠江区学前教育名师工作室公开课展示纪实

　　鸠江区学前教育名师工作室以《幼儿园教育指导纲要》《儿童学习与发展指南》精神为指导，继续推进鸠江区学前教科研工作，进一步提升广大幼儿教师的课堂教学水平，促进教师，尤其是青年教师的专业化成长，有效促进各园园本教研的开展，同时加快本区学前教育名师工作室的培养进程。2018年12月

图19　示范课现场

18日，在全区范围内开展了"符仁芳名师工作室"课堂教学展示活动，由学前教研员黄志静主持，来自全区近百名教师参加了本次活动。

　　本次公开课由鸠江区学前教育名师工作室主持人符仁芳老师执教，她带来了童谣创编活动"叶子"。活动中，符老师以《儿童学习与发展指南》为指导，以幼儿为主体，环环相扣，层层递进，给幼儿创造了一个想说、敢说、能说的环境。随后是研讨点评环节，符老师就本节活动课进行了个人反思，观摩教师就教学环节和教法等进行了探讨交流。他们对符老师镇定从容、思路清

图20　研讨现场

晰、语言精练的教学给予了较高评价，部分教师还对课堂教学细节提出了个人看法。随后，教研员黄志静给予点评。她指出活动课的精彩之处和不足之处，并就"如何磨课"与观摩教师做了探讨交流。最后，黄志静老师对全区教科研工作寄予期望，她期望每一所幼儿园都能找到自己的办园特色，并扎实落实园本教研，以教研为依托，促进教师成长。

本次活动为各园搭建了一个交流、学习的平台，为继续推进鸠江区学前教科研工作、有效促进各园园本教研的开展奠定了基础。

📝附：

童谣创编活动"叶子"

一、设计意图

童谣《叶子》的趣味性很强，并且它有可以让幼儿猜测想象的空间。《幼儿园教育指导纲要》在语言领域中提出："发展幼儿语言的关键是创设一个能使他们想说、敢说、喜欢说、有机会说，并能得到积极应答的环境，鼓励幼儿大胆、清楚地表达自己的想法和感受，发展幼儿的语言表达能力和思维能力。"根据这一目标和要求，结合大班幼儿的年龄特点和语言发展水平，本人设计了这节原创活动。

二、活动目标

（1）让幼儿运用自己的身体，有节奏地念出童谣，并能够大胆表现自己。

（2）让幼儿通过童谣故事的情节发展，大胆想象、创编故事，并和同伴合作记录。

（3）让幼儿感知童谣的魅力，尝试用"又……又……"的句型表达自己的意思。

三、活动重难点

大胆想象、创编故事；尝试用"又……又……"的句型表达自己的意思。

四、活动准备

童谣《叶子》、图谱、配乐、纸和笔。

五、活动过程

1. 童谣导入

师幼问好。

（1）师：我看你们都是一副很有精神的样子，那你们的小耳朵灵不灵呢？听我说……

教师有节奏地朗诵童谣（要有动作的张力）。

师：你听到了吗？（教师酌情朗诵1—2遍）

师：你听到了什么？

幼儿回答，教师逐一点评（给予准确的评价）。

（2）师：这是一首童谣，名字叫《叶子》，叶子宝宝都被你们请出来了，我们一起来说一说吧！

师幼一起有节奏地朗诵一遍。

2. 有节奏地表现童谣

（1）师：你可以用身体的不同部位有节奏地来表现童谣。

（幼儿尝试——教师邀请——大家一起玩）

（2）师：你们的想法很多，动作也很吸引我。其实这个童谣中还有一个小秘密，请听……

3. 创编故事，尝试用"又……又……"的句型表达作品意思

（1）教师配乐创编童谣故事。

故事：阳光明媚的一天，我决定去森林里游玩。这片森林里的树木又高又大，叶子绿油油的，又绿又多。我继续往前走，有些叶子像是和我捉迷藏，又盖又遮。我来到了森林深处，看见有许多又美丽又好看的花朵、又高又大的树木。突然我发现有的叶子好像有点害怕，它们在发抖。我正想打个招呼，它们却摇摇身体。我走近一看，原来在叶子的身后有个窝，里面有个蛋，它们害怕有人来摸……

师：你觉得接下来会发生什么事情？

请几名幼儿上前说出不一样的后续。

（2）分组讨论、记录。

师：许多小朋友都迫不及待地想说了，现在我们分组讨论，用笔记录接下来会发生的事情。但老师设置了一个难题，记录好以后，你们要用"又……又……"的句型来介绍自己这一组的作品，可以吗？

（3）将幼儿创编的故事作品粘贴到黑板上，引导幼儿用"又……又……"的句型表达作品的意思。

师：你们创编故事的本领可真厉害！你们找出了这个童谣里不同的小秘密，并记录下来了，还尝试说出了"又……又……"的句型。我要给你们一个赞！

4. 结束部分

师：小朋友们知道现在是什么季节吗？（冬天）冬天里也有许多叶子，你们可以去找一找自己家附近的叶子，看它们有什么秘密，下次再有机会，我们一起来分享。

附：童谣《叶子》

树上叶子，又绿又多。

树上叶子，又盖又遮。

树上叶子，不让我说。

窝里有蛋，怕人来摸。

六、活动反思

本人从园本课程出发，设计了本节童谣创编活动。这首童谣篇幅短小，节奏也很鲜明，也可放在中班年龄段，但我选择了大班，那是因为同一首童谣所挖掘的重点是不一样的。它可以只是学会朗诵、感受童谣，也可以是有节奏地朗诵，还有就是像今天这节活动，可以创编，用肢体动作表现，并通过童谣学会讲完整的话，用"又……又……"的句型表达自己的意思。这与《儿童学习与发展指南》中的语言目标——能根据故事的部分情节线索猜想故事情节的发展或续编、创编故事，愿意用图画和符号表现事物或故事这两点相契合。因此，本人设计了本节童谣教学活动。

点评

　　本次童谣仿编活动分为三个层次。一是学习童谣；二是通过身体动作表现童谣；三是通过绘画形式创编故事。教师在组织活动时较好地把握了这三个层次。整个过程，教师语言精练，并注重运用启发性的语言引导幼儿，为幼儿通过童谣仿编故事能够大胆、积极主动地表达自己的想法起到了支架的作用。在突破难点"又……又"句型时，教师采用了范例指导，帮助幼儿说出句式。整个活动中，幼儿有合作、交流、动手操作的机会，并始终保持浓厚的兴趣。

（黄志静）

鸠江区学前教育名师工作室三年工作小结

岁月如梭，工作室成立已快三年了。每一次回首，总让人心生感慨；每一次小结，我们都在感慨时间的珍贵。三年来，本人带领着研修人员走进课堂、走进教学研究、走进交流、走进阅读、走进专家讲座、走进幼儿园……在不断的交流学习中，通过组织扎实、有效的活动，我思考着，也进步着。此时此刻，我怀着一颗感恩的心，汇报学前教育名师工作室三年的工作小结。

一、三年内主要工作内容

（一）以"研讨反思"为途径，提升职业素养

工作中，本人多了些主动、稳重和平常心，能够带领成员提高教学水平，让大家养成总结和反思的习惯。而这种习惯，正是大家不断成长的源泉。

为了较好地开展名师工作室的各项工作，我们努力做到及时召开本工作室会议，讨论相关的工作计划，讨论开展的活动，每次活动后留有活动内容和相关的图片或音像资料。工作室成员定期写好反思日记，并将资料汇总。我们在一起展示了活动成果，分享了经验，改进了存在的问题。

（二）以"课堂教学"为重点，塑造教学风格

学校按照理论与实践相结合、自主与交流相结合、学习与运用相结合、反思与提升相结合的原则，积极开展教学活动，形成"思想互通、学习互助"的氛围，切实加强教育教学研究活动，逐步形成学有专长、为人谦和的研修队伍。

我们以研课、磨课为形式，塑造工作室成员鲜明的教学风格和特点，使其形成自己的上课风格，组织有效的教学研讨，及时进行教学反思；我们及时指导青年教师，发挥工作室成员的示范、引领作用；以激发工作室成员自身潜力

为目的，积极参加园、片、区、市等各类教育教学活动。

我们以"观课、听课、评课"来提升自己，积极探索教学工作新思路。结合自己的研究方向，勤于思考研究中存在的问题，主动想办法解决，坚持写教学反思，积极撰写论文。

（三）坚持理论学习，提高思想认识

（1）通过对《3—6岁儿童学习与发展指南》的学习，工作室成员了解了新的教育教学理念，反省在活动实施过程中出现的问题，寻求解决问题的有效策略，找准突破口，使教学水平在新的教育理念的指导下提升到新的高度。在这三年中，工作室成员除了坚持自学外，在集中培训时还会围绕学习主题《教师专业发展教育信息化——解读游戏中的幼儿》展开讨论，自觉主动地按照工作室要求，完成读书笔记与反思体会。

（2）以专题讲座为平台，提高工作室成员的教育教学水平。成员参加专题讲座以及现场观摩活动，向青年教师传经授道。通过培训，激发了工作室成员园本课程的创新意识。课堂永远是教师的主阵地，工作室成员年纪轻、教龄短、实践少，所以工作室聚焦新课程，引领成员不断提炼教学风格，提高教学水平。

（四）深入研究，拓宽辐射平台

主持人在自身积极开展教育教学研究的同时，带动了工作室成员自觉进行研究，使整个工作室始终洋溢着教研的氛围，督促并鼓励工作室全体成员深入思考，积极撰写教育教学论文。

（五）博客建设，实现资源共享

名师工作室在信息化环境下开展活动，以网络化传播先进的教育理念和教学方法，实现优质教育资源共享，要求每位成员从被动关注到主动关注工作室博客，以图片、文字等多种形式完善工作室的博客建设，便于成员间的相互学习和交流。

（六）开展的活动

2016年度

一月：

召开了工作室2015年度工作总结会议。

二月：

研修人员上交个人研修计划。

三月：

走进锦苑实验幼儿园，参加锦苑实验幼儿园接待来自"芜湖中小学名校长培养工程"第二期入校指导的专家团队来园考查交流活动。

四月：

以"课堂教学"为主题，让每位教师开展一节自己的专长课，课后共同研讨，发现并解决课堂教学的不足之处。

五月：

开展"读一本书，悟一份情"读书交流活动。

六月：

工作室开展"同课异构"研讨活动及学期末结束会议。

九月：

"同课异构"教学活动方案公布与安排。

十月：

工作室开展"同课异构"展示教学研讨活动。

十一月：

工作室研修人员开展"音乐活动优质课展示及研讨"活动。

十二月：

"鸠江区打击乐主题教学"工作室展示观摩研讨活动。

2017年度

一、二月：

研修人员上交本学期个人研修总结。

三月：

以"课堂教学"为主题，每位教师上一节自己的专长课，课后共同研讨，发现并解决课堂教学的不足之处。

四月：

以"文化交流"为主题，邀请专家举办讲座并交流心得。

五月：

以"幼儿园科学领域"为主题，通过课堂教学，对科学领域活动进行探索。

六月：

深入各园进行观摩活动，互相了解，互相学习。

九、十月：

（1）召开学期初工作会议。（9月上旬）

（2）研究下月主题活动。

（3）在区教研组长的带领下，工作室成员进行幼儿园课程情况调研活动。

（4）区学前教育名师工作室及研修成员研修活动——游戏化教学优秀课例观摩。

十一月：

工作室协助教研室开展鸠江区学前教育游戏领域专项培训会。

十二月：

（1）师德活动——工作室成员参加"爱在心中"幼儿教师师德案例征集评选活动。

（2）工作室成员开展读书交流、分享活动。

（3）工作室成员参加基于幼儿核心经验的领域教学交流活动。

2018年度

一月：

（1）工作室成员收集整理工作室资料。

（2）召开学期末工作总结会，研修人员撰写本学期个人工作总结。

（3）工作室成员汇报三年工作小结。

二、新一轮工作思路

1. 端正态度

工作室成员定期参加名师工作室例会，发扬自身的优点，每一次的成员活动和学习培训都力争做到积极参加，认真完成每次工作室开展的活动。

2. 加强学习

认真学习专业知识，认真研读《幼儿园教育指导纲要》《儿童学习与发展指南》，提高组织教学、信息运用能力，充分利用外出学习的机会，领悟同行及专家的先进经验，积极与专家交流，提出自己在教学实践中的困惑与问题，努力寻找突破的路径，从而提高自己的业务水平和教育教学能力。

3. 注重积累

努力做到每天进步一点点，每天想到一点点，每天学到一点点，每天领悟一点点，每天反思一点点，每天写下一点点，要让做过的事情留有痕迹，要让瞬间的精彩成为永恒。从现在开始，每位成员需要准备一个笔记本，随身携带，随时随地记录，并使之成为一种习惯。

4. 课题研究

在做好教学工作的同时，还要进行专项课题的深入研究，以研促教，使教学和科研更有机的结合。发挥名师的带头、示范、辐射作用，善于发现和掌握教育教学规律，善于反思性总结，促进其他教师教科研能力的提高。

5. 重视写作

工作室成员通过撰写论文，不断提升教育教学的理论素养，提高写作水平和能力。利用博客这一平台，不断提高自己的能力，拓展自身专业发展渠道，坚持围绕学前教育教学和研究写博、读博、评博，使交流常态化。工作室成员根据自身的专业成长经历，认真总结，主动自觉地学习，不断完善，成为学者型、专家型的优秀教师。

三、建议和意见

1. 加强博客维护、扩大信息交流

为了更好地开展名师工作室今后的各项工作，我们将加强博客维护，扩大信息交流，为工作室展示名师风采和成果打开一扇窗口，以提供学习交流的平台，并通过博客建设发挥辐射和交流的功能。要重视博客建设工作，充分利用博客容量大、空间大、信息快的特点，将工作室工作及时上传，将名师工作室成员的精品教案、教学论文等通过博客进行交流。

2. 创新方法，增强培训实效

工作室要充分借鉴他人的工作经验，创新工作方式，搭建锻炼平台，创造磨砺机会，加强对外交流，通过有效引领，帮助成员学习新理念、新知识、新方法，提高成员的课堂教学能力、课程开发能力、教科研能力、实践指导能力和活动组织能力，进一步增强培训的实效性。

　　今后，名师工作室要进一步强化服务意识、责任意识、创新意识，以教学质量为动力，以素质教育为取向，总结经验，不断改变工作方式和方法，再接再厉，作出自己应有的贡献。"路漫漫其修远兮，吾将上下而求索。"本人将继续努力，以名师的人格魅力和教育水平，引领工作室成员向更高的台阶迈进，加油！

（符仁芳）

中篇　规划

——锦幼规划集

芜湖市锦苑实验幼儿园三年规划

一、三年规划纲领

2012年7月—2013年8月：管理人本、队伍优良、质量过硬、环境温馨、家园互动。

2013年8月—2014年7月：管理规范、队伍优化、质量上乘、环境美化、家园共建。

2014年7月—2015年8月：管理科学、队伍优质、质量一流、环境优化、家园共育。

二、分项目标与措施

1.管理工作

（1）修订和完善幼儿园管理（素养篇、安全篇、服务篇、环境篇等）的篇章。

（2）建立和完善幼儿现代管理的各项规章制度。

（3）保障幼儿园、教职员工、全体幼儿的合法权益，提高办园效率和活力。

（4）抓好幼儿园网站的建设，提高网络管理技术，加强网络宣传力度，保证发稿质量，及时宣传幼儿园的信息情况。

（5）向建设一个环境优美、管理精良、师资强大、科研扎实、质量过硬、特色育人的现代化一流幼儿园努力。

2.教师发展

（1）开展多种形式的师德活动，加强教师自身素养，提高教师的自身素质。

（2）建立完善的师德考评制度，弘扬高尚的师德风范。

（3）树立终身学习的观念，营造学习氛围，培养教师在岗位上学习，在岗位上成材。

（4）注重组织培训，营造开放互动的个性化培训，根据每一位教师的个性和潜能，制定不同的培训方法（主要培训方法有专家引领法、案例法、网上论坛互动法等）。

（5）规范教学，学习有关"教师专业素养"的资料和理论知识，制定个人规划，明确努力方向。依据培训目标，采用集中听课的方法组织理论学习。举办系列讲座、学术研讨活动（大教研），每月一次。进行公开示范教学，每学期2—3次。进行专题研讨、论文撰写相结合（教研活动），每学期一次。

3. 课程建设

（1）以《幼儿园工作规程》《幼儿园教育指导纲要》《儿童学习与发展指南》为指导，树立"以幼儿发展为本"的教育理念，勇于实践，大胆创新，幼儿园组建了书画小组、舞蹈小组、乐器小组等特长小组。

（2）从课程的本土化出发，深入园本课程的研究，利用"幼儿民间游戏""幼儿民间歌谣"等活动对民间艺术进行收集、整合、拓展和汇编，实现幼儿充分、自主、健康、和谐发展。

（3）利用好幼儿园园网站、幼儿园信息技术的优势进行多媒体课件制作，实现教育资源的共享。

（4）挖掘民间文化资源，通过多媒体进行网上教学，激发幼儿学习的兴趣。

4. 幼儿发展

（1）本园利用多种形式，满足幼儿自主性活动的需要，培养幼儿具有健康自信、礼貌交往、好奇探索、独立且合作的优良品质和健全人格。

（2）创设良好的育人环境：室内、室外（各类活动室、走廊、楼道、角落）环境布置以及区角游戏活动的环境创设等。

（3）日常生活中的培养：关注生活自理、交往礼仪、生活常识、自我保护、环境卫生、生活规则等，养成良好的自理能力和生活习惯。

（4）体育活动和体育锻炼中，利用体育游戏、体操、器械活动、自然因素锻炼等活动，培养幼儿具有健康的体魄。

（5）教育教学活动中，创设具有一定挑战性的教学活动，激发幼儿的学习兴趣和创造力，促进幼儿情感、个性健康和谐发展，培养出更多的优秀特长生。

5. 教育科研

（1）完善幼儿园教科研管理机制，加强教科研的管理过程，修正、充实幼儿园科研管理制度。

（2）加强理论与实践相结合，充分运用理论指导课题研究。

（3）鼓励教师积极参加课题研究和论文的撰写，提高教师教育科研的素质。

6. 信息化建设

（1）加强网站建设（幼儿园网、班级网、教师网、学生网），为教育教学提供优质服务，进一步优化栏目结构，扩大信息量，及时更新网站内容。

（2）加强网上家园互动，提高家长科学育儿水平。

（3）加强网络宣传力度，提高发稿质量，及时宣传我园情况。

（4）加强信息技术的培训，集体培训和个别辅导相结合，共同学习，不断提高。

（5）利用网络实施园本课程教学，将信息技术引入幼儿教育教学之中。

（6）要求教师会制作网页，能够积极参与网上的家园互动、网上教研、网上课件制作。大多数教师能较好地运用网络技术，为我园的信息化建设服务。每位教师每学期上交1—2篇教案或课件，并保证质量，使我园的网络教育资源库有质有量。

7. 家庭教育与社区教育

（1）建设家教基地，利用家园互动平台为家长提供个性化服务，如网上借书、早教沙龙、网上幼儿成长花絮、网上家教、幼儿成长档案、有话大家说等栏目，提高服务意识，实现教师、幼儿、家长综合素质的提高。

（2）创新家教指导模式，拓展指导功能与活动内容。开设家园联系窗、家长信箱、家长接待日、家长咨询、家长教子经验介绍、向家长开放半日活动、区角活动等，多种渠道、多种形式对家长配合幼儿园教育进行指导，赢得家长的信赖。

（3）大多数教师有指导家长科学育儿的能力。所有教师积极参与网上的家教、幼儿成长档案、有话大家说等栏目，提高服务意识，实现教师、幼儿、家长综合素质的提高。大多数家长积极参与幼儿园组织的各项活动，营造良好的家教氛围。

8. 环境创设及设施改建

（1）根据我园规模的不断扩大，以及新课程理念和我园园本课程开发的需求，合理添置一些教育教学设施设备、教学材料，充分挖掘环境的育人功能。

（2）继续完善和改建园内和户外场地设施，使幼儿园环境既有"净化、绿化、美化"的自然环境，又有"自主、体验、互动"的学习环境。

（3）不断加强我园的文化建设，使我园成为幼儿、家长喜欢的温馨家园、游戏的乐园、美丽的花园。

9. 实施计划的保障

（1）园长应紧紧围绕社会主义核心价值观，发挥社会监督保证作用，全面贯彻党的教育方针，确保办园方向的正确性。

（2）让全体教师参与幼儿园三年规划制定、审议、修订的全过程。

（3）对幼儿园三年规划的目标、措施进行分解、落实，做到责任清楚、目标明确、奖惩分明。

（4）建立健全幼儿园教师发展的奖励机制，加大奖励的力度，促进锦苑实验幼儿园幼儿教育事业迅速发展。

（黄志静）

芜湖市锦苑实验幼儿园（2015—2020年）五年发展规划

一、园所发展背景

（一）幼儿园概况

芜湖市锦苑实验幼儿园始建于2012年，是芜湖市鸠江区根据学前教育三年行动计划所开办的公办幼儿园，属于鸠江区重点民生工程。

锦苑实验幼儿园坐落于芜湖市金湾锦苑小区内，靠近美丽的凤鸣湖畔，拥有良好的人文环境及地理环境。锦苑实验幼儿园于2012年9月1日开园。幼儿园占地面积近3200平方米，总投资约800万，内设9个标准班级。教师学历达标率为100%，皆为专科以上学历，其中一位教师研究生在读。在学前教育三年行动的沐浴下，幼儿园全体教职员工以热诚的工作态度、科学的教育理念不断充实自己，与锦苑实验幼儿园一同成长，焕发出勃勃的生机！

（二）办学优势

2014年，锦苑实验幼儿园积极融入鸠江区育仁教育集团，于鸠江区沈巷镇成立锦苑实验幼儿园沈巷分园，两园互动，资源共享。以"努力突出办园特色、精心打造幼教品牌"为目标，坚持科学发展观，坚信"仁爱育才"的办园理念，坚定"精心育苗、无私奉献"的园训精神，坚持为幼儿搭建多元化的展示舞台，以动态化的课程环境为阵地，以多样化的素质教育为载体，以互动化的网络平台努力突出办学特色，精心打造幼教品牌。其中，以"教师文化节""童谣文化艺术节""亲子体育节"等来开展常规、特色活动。

艺术教育是我园的特色教育，以古筝、短笛、舞蹈、幼儿体操、传统文化为代表，锦苑实验幼儿园非常重视传统文化的挖掘和教育，已初步形成具有传统特色的园本教材，形成了浓郁的艺术文化氛围。

我园独特的"家园互动年""家园共建年""家园共育年"以阶梯式的发展趋势迅速成长，开展了一系列的特色活动，百变创新。力求幼儿园与家庭建立起合作、对话、一致、互补的关系，在双向互动中逐步唤醒家长的主体意识，转变家长的教育观念，提升教养水平，真正携手，共同提高教育幼儿的任务。

1. 幼儿园办学特色初显

幼儿园自开办以来，教科研以"课题"为抓手，先后开题并结题了《以创编童谣为依托——促进师幼共同发展的研究》，以正研究的《主体交互视角下幼儿园活动模式的研究》为载体，逐渐形成了幼儿园多管齐下、家园紧密配合、社会通力合作——幼儿园主导、家庭辅助、社会支撑（实践、保障、服务、桥梁），多元化参与、多形式培养幼儿生活能力的模式，有效促进了幼儿的各方面发展，获得了专家、领导、家长和社会的一致好评。

2. 幼儿园有一支积极进取的青年教师队伍

我园注重青年教师的培养，通过师徒结对、校本培训、外出学习、课题研究等多种形式，鼓励青年教师在学科教学、课题研究等方面不断探索，培养了青年教师的科研意识，促进了他们专业素养的提升。

3. 幼儿园有着良好的环境

幼儿园布局合理，设施设备齐全，有足够的空间供幼儿开展各项教育教学活动，完善的硬件设施为幼儿提供了安全、卫生、舒适的生活和学习环境。在建设好硬环境的同时，我们还努力打造良好的软环境，使幼儿时时处于被尊重、被关爱、被鼓励的良好氛围之中。

（三）存在的问题

（1）缺乏系统化、动态化的幼儿教师成长平台和评鉴系统。

幼儿教师的专业成长是一个动态的、多阶段的发展过程。青年教师阶段是教师专业成长的关键期。我园大部分教师都是五年以下工龄，从工龄上看都属于青年教师，他们大多经历着自然成熟的过程，缺乏有效的指导，更缺乏专业成长的自觉意识和明确的专业成长目标。因此，探讨建立切实可行的、顺应教师发展的教师专业成长发展的促进机制和教育平台，完善并充实教师专业成长的档案评价系统，形成一套科学、合理、高效、人本的在职教育和人才储备方法势在必行。

（2）教师教学实践经验和科研能力有待于进一步提高。

由于我园教师队伍的年轻化，致使实践教学经验缺乏、教学研究能力不强等缺点也随之暴露无遗。作为育仁教育集团的总园，我们能及时地把我园好的做法在分园进行辐射，但理性的思考还不够，没有将一些有效的经验及时物化。因此，作为总园还需要在实践创新的基础上，不断梳理概括成功的做法，形成有效经验，通过多种途径，更广泛地推广成功做法，进一步发挥示范辐射作用。

（3）亟须强化的教师自我管理意识，教师应将自己主动融入幼儿园的整体规划中，对自己的发展实施规划、设计、实施、评估和反馈。

二、办学理念及办学宗旨

1. 办学理念：仁爱育才

"以人为本"，即幼儿园所有活动都要本着尊重差异、满足需要，让每个幼儿获得最大的发展；发展人的基本要素"仁"，在人格发展的关键时期从小培养幼儿树立"善之道"的仁思想；"爱"育之本，没有爱就没有了教育的理念，无论是德育工作还是教学工作、后勤工作等，各部门、各条线要形成共识——"以爱为源"即教师对幼儿的爱是一切教育教学活动的源头，只有爱才能确保一切活动的正常开展，才能促进幼儿最大的发展，才能助幼儿成才。

2. 办学宗旨：以幼儿发展为本

"幼儿发展"指幼儿是教育的对象，更是发展着的人。幼儿发展又是教育的一个重要基点，所以教育的最终目的是促进幼儿的发展。而幼儿教师工作的价值表现在能否加速幼儿发展水平的提高上。因此，幼儿是发展的主体，没有幼儿的主动活动就没有发展，对幼儿发展规律的掌握便成为课程必要的理论前提。

三、发展总体目标

坚持"仁爱育才"的办园理念，坚定"以幼儿发展为本"的办园宗旨，优化幼儿发展，优化园所管理，优化教师发展，优化家园共育，优化育人环境。

旨在五年内完成"安徽省一级一类幼儿园""安徽省绿色学校"等创建工作，努力将本园打造成理念现代化、管理精致化、教育优质化，社会认可的优秀示范幼儿园。分园的目标是在2017年完成芜湖市一级一类幼儿园，打造具有地方特色的引领性公办园。

1. 优化幼儿发展

以《幼儿园工作规程》《幼儿园教育指导纲要》《儿童学习与发展指南》为指导思想，把健康的身体、健康的心灵作为幼儿的发展主题，树立"健康、文明、自信、乐问、智美"作为培养目标，促进幼儿全面发展。

2. 优化教师发展

通过专家引领，完善"教师学术节"，逐渐摸索一套符合本园园情的师训方案。让教师将自己主动融入幼儿园的整体规划中，及时对自己的发展实施规划、设计、实施、评估和反馈，锻造一支具有敬业精神和现代教育理念、业务过硬的师资队伍。

3. 优化家园共育

家庭是幼儿教育重要的组成部分，是幼儿园教育的有利资源。构建合作的家园关系、优化家园共育，是幼儿园全面实施素质教育、培养健全人格、促进幼儿和谐发展的有效途径。

4. 优化园所育人环境

构建会"说话"的育人环境，让园所的一草一木、每一块墙壁都会说话，努力营造一个整洁文明又彰显园所个性的育人环境。

5. 优化园所管理

我园坚持"制度化管理、人文化解决"，从物的管理到人的管理，做到各尽其能、各司其职。逐渐完善学校制度建设，努力实现制度约束人、制度促进人、制度造就人的新局面。

四、具体发展目标

优化教师发展

阶段	时段	阶段目标
第一阶段	2015.8—2016.7	循序渐进 教师阶梯团队形成（骨干型—成熟型—年轻型）
第二阶段	2016.8—2017.7	有的放矢 教师专业素养提升（基本功、教育机智）
第三阶段	2017.8—2018.7	各有千秋 教师个人特色凸显（课堂特色、班级特色）
第四阶段	2018.8—2019.7	反思创新 教师教科研能力提升（课题研究、论文撰写）
第五阶段	2019.8—2020.7	百花齐放 向全能型教师迈进（驾驭各种课型、综合性发展）

实施内容				
第一阶段	第二阶段	第三阶段	第四阶段	第五阶段
1. 手工备课，夯实基础。（集体备课引领、电子备课辅助） 2. 蓝青结对，教学相长。（师徒结对工作，以扶为主，全面指导） 3. 教学大练兵，人人公开课。（一学期一次大练兵活动，人人参加，人人听评）	1. 蓝青结对，教学相长。（师徒结对工作，扶放结合，提高要求） 2. "三课"研磨，提升基本。（说课、听课、评课教学基本功锻炼） 3. 生成活动常态化，教育机智闪灵光。（在原生成活动教案设计的基础上，设置生成活动记录表）	1. 蓝青结对，教学相长。（师徒结对工作，独立作战，经常切磋） 2. 半日活动展评，教师特色凸显。（以生为本，以学定教——每月一次半日活动展示） 3. 逐级评优，自省自身。（教师考核量化细则，开展自评自省工作）	1. 反思交流，专业提升。（通过工作反思、教学反思等，进行书面反思、交流等多种形式的反思活动） 2. 课题研课，共享成果。（课题组融入更多新鲜血液，鼓励教师在省市级课题基础上开发园本课题） 3. 课例研讨，有效教学。（利用网络资源、外出学习机会组织教师品各类优质课例，促专业成长）	1. 特色小组，综合发展。（成立各类特色小组，促进教师综合发展） 2. "双高"课展，锤炼风格。（高质量、高效率优质课评比，教学有价值、教学有效果、教学有效率、教学有魅力）

续 表

第一阶段	第二阶段	第三阶段	第四阶段	第五阶段
4.读书分享，经验交流。（一学期一次读书交流会，团队分享，唇齿留香）	4.教学大练兵，同课异构展风采。（一学期一次大练兵活动，采取同课异构模式）	4.教师才艺，百花齐放。（鼓励教师多发展兴趣爱好，开展才艺展示活动）	4.教师学术节升级，鼓励教师勤写作。（论文、反思、随笔）	3.专题教研，解决困惑。（教研模式：专题性多样性整合性）

表6 优化幼儿发展

阶段	时段	阶段目标
第一阶段	2015.8—2016.7	动手实践，开拓创新
第二阶段	2016.8—2017.7	人人有礼貌、个个懂礼节、处处讲礼仪
第三阶段	2017.8—2018.7	喜欢运动、乐于运动、主动运动
第四阶段	2018.8—2019.7	敢说、会说、巧说
第五阶段	2019.8—2020.7	争当环保天使，创建绿色芜湖

实施内容				
第一阶段	第二阶段	第三阶段	第四阶段	第五阶段
1.帮助幼儿储备大量的知识信息。（在日常生活中，要随时丰富幼儿的各种知识，加大知识的信息量，同时还要培养幼儿的观察能力和观察兴趣，教给幼儿正确的观察方法，养成主动探索的学习习惯） 2.深入挖掘一日环节中潜在的创新教育内容。 3.开展各种相关活动，让幼儿动手实践、大胆创新	1.创设优质环境，营造浓厚氛围。（合理构建适合幼儿品行养成的外部环境。在潜移默化中影响幼儿） 2.发挥榜样示范作用。（对教师、家长进行礼仪培训，规范教师、家长的文明礼仪行为） 3.在园学习礼仪，走向社会实践礼仪，带动百万家庭传播礼仪。（传唱"礼仪童谣"，开展"经典诵读"，开展特色活动进行随机教育）	1.收集整理各类体育活动及游戏，促使幼儿活动材料、活动内容、活动空间多元化，激发幼儿对体育活动的兴趣。 2.开展混龄体育活动。（让幼儿打破班级界限，幼儿自由结伴、自选内容、自主活动，在合作运动中提高自主运动的能力） 3.营造全民健身氛围	1.创设幼儿语言学习的良好氛围，激发幼儿学说的兴趣。（班级利用早上来园、午饭后、离园前的时间开展"天天说"活动；成立新闻播报站，每天一名幼儿担任"小小新闻播报员"） 2.开展多种活动，促进幼儿语言能力发展。（开展巧嘴巴"说童谣、唱童谣、童谣故事、童话剧表演"等活动）	1.在日常生活中渗透环保教育。（生活活动、教育活动、游戏活动随即教育） 2.从实践中体验环保。（开展幼儿社会实践生成活动） 3.与家庭携手共话环保。（组织环保专题活动、联合家庭、社区开展"环保时装秀"等活动，将环保理念辐射到家庭、社区）

续　表

第一阶段	第二阶段	第三阶段	第四阶段	第五阶段
以"纸、瓶子"为主线，融入幼儿园课程	全园上下形成以"礼"为先、与"礼"同行的园所文化建设	组建幼儿"足球队""体操队"，优化"亲子体育节"	3. 家园携手，营造良好的语言氛围	

表7　优化家园共育

阶段	时段	阶段目标
第一阶段	2015.8—2016.7	夯实家园，共育地基
第二阶段	2016.8—2017.7	添加家园，共育砖瓦
第三阶段	2017.8—2018.7	梳理家园，共育管道
第四阶段	2018.8—2019.7	探索家园，共育内涵
第五阶段	2019.8—2020.7	优化家园，共育氛围

实施内容				
第一阶段	第二阶段	第三阶段	第四阶段	第五阶段
1. 巩固并扩大家庭教育知识普及面，提高家长对家庭教育知识的掌握程度。（拓宽家庭教育知识宣传渠道，全园家长受教育率巩固在90%以上，家长的满意率达到95%以上） 2. 彼此相互尊重和理解，了解家长的特点，建立平等对话、有效沟通的家园关系，消除误解与矛盾。（以家长调查问卷、家长交流会、家访等多种形式进行情感交流）	1. 确立大教育观意识，以"家庭文化节"为载体，提升家庭文化素养。（创建学习型家庭并达到60%） 2. 在原有家园工作的基础上，进一步规范家园互动机制，完善家委会工作制度。 3. 开展园本培训，帮助教师掌握开展家长工作的常规、要求与策略。 4. 巩固家长学校教育模式	1. 加强家庭教育队伍建设。（建立幼儿园家庭教育人才信息库） 2. 逐步形成两支结构合理、专职兼职结合、功能互补、分布适当、具有较高素质的家庭教育指导者队伍。（家长、学校、教师队伍建设，家长志愿者队伍建设） 3. 加强家长、学校的建设，丰富家长学校形式。（实地讲座、网络讲座）	1. 在家庭教育队伍建设的基础上，开展家庭教育团队活动。（家长文化沙龙） 2. 在原有基础上，成立家长、教师资讯协会，开展各类活动，增强家长与教师间的联系。 3. 积极推进网上"菜单式"的家教讲座，满足不同家长的需要	1. 在文化沙龙的基础上开展家庭互助组，进行公益活动。 2. 落实我园家园共育的评估细则，针对各班级家园工作进行考核。 3. 在阅读分享的基础上，挖掘亲子阅读方式并进行分享

第一阶段	第二阶段	第三阶段	第四阶段	第五阶段
3.推荐家庭教育书籍《不输在家庭教育上》，鼓励家长阅读学习	5.推荐家庭教育书籍（待定），鼓励家长阅读学习并分享	4.推荐家庭教育书籍（待定），鼓励家长阅读学习，并撰写读后心得	4.推荐家庭教育书籍（待定），鼓励家长阅读学习，并尝试制作家庭成长册	4.幼儿园↔教师↔家长↔幼儿相互贯通融合，锦幼大家庭建设完成

表8　优化育人环境

阶段	时段	阶段目标
第一阶段	2015.8—2016.7	区域布局，开放自主
第二阶段	2016.8—2017.7	建设符合各年龄段幼儿的操作环境
第三阶段	2017.8—2018.7	建设彰显我园个性的环境
第四阶段	2018.8—2019.7	环境与课程特色相结合
第五阶段	2019.8—2020.7	展现出"会说话"的环境

实施内容				
第一阶段	第二阶段	第三阶段	第四阶段	第五阶段
将外区域环境划分成一个个自由的游戏空间，幼儿大部分活动在区域中进行。走廊和大厅是室外场地和室内环境的通道，也有它独特的价值。依据方位特点，添置游戏材料，进行区域化布局。不忽视任何一个角落，就连通道、拐角都应收纳为活动区域	不同材料的接触，可以让幼儿获得各种知识，还能锻炼他们的实践能力。小中大班创设的环境有所区别，小班第一位是要让幼儿能够学会基本的认识和区分，中班则要让幼儿学会如何运用，大班的幼儿就要让他们在已有的材料基础上学会创造。每个墙面的内容要时常变化	全园进行特色整改，如教师休闲区、生态植物园里增加向日葵、薰衣草，绿化廊里种植果树，园门口种植观赏藤本植物，艺术创想区设置在米罗廊里，让每个台阶、墙壁都会说话，益智廊里构建百变搭建等具有个性化的公共环境	童谣是我园的一大特色。将童谣延伸至我园环境创设中，进一步挖掘"童谣文化节"，并创建"童谣剧场"区域，开展"戏童谣"系列活动	环境不只是美化墙面，涵盖的内容也很广，包括区域活动的环境创设、生活环境、主题背景下的适时环境等。要让幼儿走到哪里都知道这里是干什么的，每个楼梯、走廊、班级都有着不同的主题，如小班童趣、中班探索、大班创想。为不同主题创造一个促进幼儿全面发展的、有利于幼儿探索、促进教师与幼儿之间交往和互动的环境

表9　优化园所管理——芜湖市锦苑实验幼儿园先进人员考核表

序号	考核对象	团队分（4）	个人考核分（6）	加分项	合计
1					
2					
3					
4					
5					
6					
7					
8					
9					
10					
合计		0	0	0	0

表10　优化园所管理——团队分——幼儿园班级工作考核细

项目	编号	评估内容	分值	自评	园评
教育环境	1	墙饰按主题及时更换，有幼儿参与，并艺术加工	4		
	2	班级环境干净、整洁，物品摆放合理	3		
	3	游戏区划分合理，标识明显，游戏区角材料丰富，有创意	5		
	4	使用并推广普通话，师幼关系融洽	3		
	5	来园活动幼儿自主选择，内容丰富	3		
一日活动	6	班级有丰富的自制户外体育器械，积极开展体育锻炼	6		
	7	有序开展半日活动，遵守作息时间	6		
	8	幼儿盥洗有序，卫生习惯好，不玩水	3		
	9	进餐氛围好，幼儿不挑食，不剩饭菜	3		
	10	午睡环境好，幼儿午睡习惯好	3		
	11	幼儿有安全和自护意识，班级无安全事故	6		
自主游戏	12	保证幼儿游戏时间，材料有更新痕迹，教师积极指导游戏，幼儿游戏水平得到发展	5		
	13	幼儿兴趣广，自主选择游戏，能力发展良好	5		

项目	编号	评估内容	分值	自评	园评
幼儿发展	14	班级常规良好，幼儿行为习惯好，个性发展良好，出勤率高	10		
资料整理	15	班级、教科研资料认真总结，及时上交，有质量	5		
教育科研	16	积极参与课题研究，积极撰写教育论文，有一定成效。初步学会自制课件	5		
特色活动	17	开展特色活动，班级工作创新，有特色	6		
家长工作	18	廉洁从教，不向家长索要物品，家长反响好，满意率高	5		
	19	家长园地更换及时，家园联系册反馈率高，家访认真完成	3		
	20	利用校讯通、博客、QQ群和家长开展交流，效果良好	3		
	21	家长积极参与幼儿园活动，问卷回收率高	2		
财产保管	22	节约水电，放学后关好门窗	2		
	23	节省材料，利用好边角料	2		
	24	保管物品不丢失、不损失	2		
加分					
合计	0	100		0	0
其他：幼儿安全如出现缝针，一针扣二分，骨折扣十分，其他事故视情节轻重，年度考核酌情扣分					

表11 优化园所管理——芜湖市锦苑实验幼儿园专职教师年度工作考核表

考核时间：					
姓名	性别	出生年月	最高学历	现任职务	行政职务

序号	项目	内容	得扣分	总分	审核人
1	思想品德表现	优秀（ ）良好（ ）差（ ）			

续 表

序号	项目	内容			得扣分	总分	审核人
2	出勤	合计					
		病假	天				
		事假	天				
		旷班	节				
		迟到、早退	次				
3	保教工作	教学工作量	任教班级	周天数			
		制订周值日计划；备课情况					
		组织保教活动情况					
		观察、分析、记录幼儿发展情况及反思					
		家长工作					
		教研（教改）工作					
		班级其他工作					
4	教育成效	教育成效评价等级					
		家长意见等级					
5	课题研究	审报时间	课题	级别			
6	观摩（公开）、优质课教学	开课时间	课题	级别	等级（观摩课填观摩教学）		
7	论文	汇编时间	论文题目	评选	是否合著		

序号	项目	内容						得扣分	总分	审核人
8	其他成果	指导培养教师（幼儿）情况	获奖时间	获奖项目	指导对象	获奖等级				
		个人表彰	综合表彰	时间	项目级别					
			部门表彰	时间	项目级别					
			竞赛表彰	时间	项目级别	获奖等级				
		集体创优奖								
9	园级领导及其他行政人员	现任职务								
10	合计总分									

教师签名：＿＿＿＿＿＿＿＿＿＿　　　园长签名：＿＿＿＿＿＿＿＿＿＿

表12　优化园所管理——幼儿园保育工作考核细则

项目	编号	评估内容	分值	自评	园评	综合
班级及责任区卫生	1	活动室、走廊、卫生间整洁，无灰尘	20			
	2	玩具柜、门窗无灰尘				
	3	物品摆放整齐，通风，空气清新				
	4	卫生间无异味，无污渍				
	5	责任区整洁				

续 表

项目	编号	评估内容	分值	自评	园评	综合
消毒	6	按要求执行各项消毒并记录，少做扣一分，不完善每次扣0.5分	10			
午餐及点心	7	按照要求及时将幼儿食品送到指定位置并摆放整齐	15			
	8	餐前指导幼儿洗手，做好消毒及卫生工作				
	9	保证幼儿一天开水饮用量				
	10	餐后及时整理环境，保证卫生及消毒				
班级自然角/物品	11	协助班级做好自然角卫生及整洁	10			
	12	各类物品保管到位，并按要求摆放整洁				
	13	不擅自将幼儿园公共财产与食物带回家				
安全	14	做好班级安全检查	5			
关心幼儿	15	关心幼儿，及时为幼儿提供生活服务与指导，态度和蔼	10			
个人	16	注意个人卫生及形象	10			
考勤	17	执行考勤制度	10			
工作配合	18	及时配合教师及幼儿园工作	10			
合计		0	100	0	0	0
其他：幼儿安全如出现缝针，一针扣二分，骨折扣十分，其他事故视情节轻重，年度考核酌情扣分						

表13 优化园所管理——厨房工作人员考核评价表

序号	考核内容	分数	自评	他评	综合
1	服装、仪容仪表	5			
2	与幼儿及家长沟通态度	5			
3	考勤制度执行	5			
4	与同事间关系	5			
5	不擅自将幼儿园公共财产与食物带回家	5			
6	食品留样及展示工作	5			
7	厨房操作是否合规	10			

序号	考核内容	分数	自评	他评	综合
8	食品的色香味	10			
9	与保育员交接工作	10			
10	食品保存工作	5			
11	食品原料采购工作	10			
12	消毒工作	10			
13	卫生整洁程度	5			
14	每日水电气的安全使用及排查	10			
合计		100	0	0	0

表14　优化园所管理——行政人员考核评价表

序号	考核内容	分数	自评	他评	综合
1	服装、仪容仪表	5			
2	与幼儿及家长沟通态度	10			
3	考勤制度执行	5			
4	与同事间关系	5			
5	工作效率	15			
6	各部门沟通协调	15			
7	各项活动及会议的后勤工作	5			
8	自身工作完成情况	25			
9	不擅自动用幼儿园公共财产与食物	5			
10	卫生整洁程度	5			
11	每日水电气的安全使用及排查	5			
合计		100	0	0	0

注：

（1）考核对象为全体教职工，考核时间为一学期。

（2）团队分结合以下方面：积极参加各项团体活动，按照各活动名次统计团体分数，第一名为1分。另外，红旗班级为2分，卫生先进班级为1分。

（3）个人年度考核结合各部门的考评和幼儿园章程绩效进行总评。

（4）加分项要求个人获得市级及市级以上奖励。其中，国家一等奖为5

分、二等奖为4.5分、三等奖为4分，省级奖励分别为3.5分、3分、2.5分，市级奖励分别为2.5分、2分、1.5分。

（5）在全年造成安全事故或师德问题，对幼儿园产生不良影响的，一律不得参加先进个人考核。

五、评价设计

1. 评价的意义和作用

幼儿园评价的目的在于获得改进教育与各个方面工作的依据。评价具有导向作用，有利于保证教育目标的实现；评价具有激励作用，有利于调动全园职工的积极性；评价具有反馈功能，可以促进幼儿园管理水平的提高；评价具有改革功能，有利于推动幼教改革不断深入。

2. 评价的主体与对象

评价的主体包括上级教育部门领导、专家、幼儿园管理人员，以及幼儿、家长、社区。评价的对象包括幼儿、教职工，以及幼儿园各职能部门。

3. 评价实施

为有效落实评价的实施，特设计如下评价体系，详细规定了评价的内容、方式以及实施评价的主体，从而保证评价的全面性、针对性、客观性、多元性，并依据评价结果，获得改进教育与各方面工作的依据。

表15 探讨并实施评价方案

评价内容		评价方式	评价依据	评价主体
幼儿发展	日常表现	家园联系册 素质报告单 多元智能发展评估表 半日活动反馈表 园内督导	《3—6岁儿童学习与发展指南》《幼儿园教育指导纲要》《多元智能理论教育法》《锦苑实验幼儿园发展规划》	带班教师 家长 保教处
	作品	作品展示 各类比赛		家长 带班教师 保教处 教育部门
	体能	体能测试		保健

续 表

评价内容		评价方式	评价依据	评价主体
教师发展	专职教师 师德 教学 教科研 技能 培训 家园	《锦苑实验幼儿园专职教师绩效考核表》 《锦苑实验幼儿园师德考核表》 锦苑实验幼儿园各项制度 园内督导 各类比赛 谈话 家长反馈	《3—6岁儿童学习与发展指南》 《幼儿园教育指导纲要》 《锦苑实验幼儿园五年发展规划》	教师 管理人员 家长 教育部门
	非专职教师 师德 技能 家园	《锦苑实验幼儿园非专职教师绩效考核表》 《锦苑实验幼儿园师德考核表》 锦苑实验幼儿园各项制度 园内督导 各类比赛 谈话 家长反馈	《3—6岁儿童学习与发展指南》 《幼儿园教育指导纲要》《锦苑实验幼儿园五年发展规划》	教师 管理人员 家长 教育部门
职能部门	园长室 保教 保健 办公室 后勤 厨房 财务 领导 制度 常规 资料	部门自评 园内督导 园外督导	幼儿园工作规程 锦苑实验幼儿园各项制度 锦苑实验幼儿园发展规划	教师 管理人员 教育部门

六、保障机制

1. 组织保障

建立五年发展目标实施的管理网络，明确各部门负责人，实行分层管理，确保各项任务层层落实。

2. 政治保障

发挥党员及积极分子的政治核心作用，深化师德建设，加强园所精神文明建设，创设良好的锦幼精神与园所文化。

3. 制度保障

健全幼儿园各项管理制度，建立规划、检查、反馈、调整、评价等监控循环机制。

4. 师资保障

重视师资队伍建设及骨干教师的培养，注重园本培训、园本教研，建设高素质的师资队伍。

5. 经费保障

合理计划经费的使用，确保有限经费的有效投入，确保各项目标的落实。

芜湖市锦苑实验幼儿园

2015年8月

锦苑总分园教师个人三年规划节选

候雯个人三年成长规划

一、个人基本情况

姓　　名：候雯	性　　别：女	
出生年月：1984.12	专　　业：学前教育	
职　　务：副园长	职　　称：二级教师	
进入锦幼大家庭时间：2012.07		

二、现状分析

随着社会的发展，特别是科学技术与信息技术的迅猛发展，教师职业将处于不断变化和发展之中，教师职业将成为终身发展的职业，社会的发展也需要教师不断自我更新知识。因此，教师专业发展的空间是无限的。我国著名教育家吕型伟说："教育是事业，事业的意义在于献身；教育是科学，科学的价值在于求真；教育是艺术，艺术的生命在于创新。"他的这番话道出了教师职业的终身发展过程。

我于2003年进入教育工作岗位，从事幼教工作。2012年，我很荣幸地加入了锦幼这个团队，在新理念的充实和园长的帮助下，经过幼儿园多次培训，我在工作中取得了很大的进步，也渐渐从专职教师岗位过渡到幼儿园行政工作岗位上。我于2013年任保教主任，2015年开始担任幼儿园业务园长。现就个人的优势和不足进行以下分析。

1. 优势

（1）工作态度认真、负责。

（2）在电脑音乐编辑、PPT制作等电教方面有一定基础。

（3）有一定的教学工作经验与活动组织经验，对幼儿园业务活动的开展有一定的帮助。

2. 劣势

（1）理论较缺乏，不能很好地将实践成果转化为理论依据。

（2）电脑多媒体技术部分技巧（如Flash、Excel等）较弱。

（3）业务园长的工作专业性有待提高，幼儿园日常事务的协调安排、任务布置、工作细致性较差。

（4）缺乏个人工作魄力。

三、总体发展目标

为了缩短自己的成熟期，也为了让自己有一个奋斗的方向，结合我园市级课题《园长引领教师成长的途径与策略研究》，我为自己制定一个成长规划。正所谓"凡事预则立，不预则废"，我将2017—2020年三年的成长做如下规划。

1. 提高政治思想素质

政治思想素质是灵魂，是提高教师素质的关键。尤其是作为幼儿园行政人员，加强自身政治素养、师德素养是非常必要的。为人师表，而且作为业务园长，我必须在言行举止方面做好教师团队的表率，尽心尽责，以诚待人，遵守幼儿园规章制度，不迟到、不早退，为树立良好的园风园貌作出自己的努力。

2. 丰富教科研理论知识

随着社会的不断进步、知识的不断更新发展，社会对教师的要求越来越高。除了认真研读《幼儿教育》《学前教育》等书刊外，平时在网上也要关注教育形式的变化，与同行多交流。幼儿教师只有不断学习幼儿教育知识，研究教育实践，才能使自己的教育观念不断更新。

3. 增强个人魅力与魄力

一名优秀的业务园长仅有良好的品德修养和专业知识素质是不够的，还需要有自己的风格、特色，展现自身人格魅力，彰显工作魄力。

4. 促幼儿成长，为家长服务

为了让每个幼儿都能学好、玩好，个人能力在原有基础上有所提高，必须以《幼儿园教育指导纲要》《儿童学习与发展指南》为准则，协助园长认真制订园务等各类活动计划。一日活动以游戏贯穿始终，并积极使用肯定、鼓励等方法，促使教师引导幼儿身心愉快地学习、生活，使每个幼儿都能在原有基础上有所提高。

在家长工作方面，要经常翻阅有关家教方面的书籍，了解家长的需求。面向全体家长做好家园共育，努力使自己在家长工作方面更加成熟。

四、具体规划

第一年（2017—2018年）：准确定位

（1）熟练掌握组织幼儿园业务活动及各种教学活动的业务技能。

（2）扎实学习《儿童学习与发展指南》精神，提高说课、评课、分析教材等业务教学能力。根据幼儿的发展和幼儿的兴趣点，制定符合幼儿园实际的园本课程，指导教师制订各类教学计划，经常反思评析教学实践。

（3）做好业务园长的工作职责，努力成为园长的好帮手。

（4）努力提高自身的师德素养，成为一名师德高尚的幼儿教育工作者。

第二年（2018—2019年）：学历上台阶，提高自身素养

（1）提高指导教师为幼儿发展创设适宜的物质环境和精神环境的能力，能为幼儿营造平等、宽松、理解、激励的精神环境。

（2）引导教师掌握寓教育于游戏及将游戏渗透到各项活动中的原则，因材施教，引导幼儿主动地学习。

（3）具备基本的家长工作能力，能召开家长会，能与家长及时沟通幼儿的发展情况，注重个体差异，促进每个幼儿不同程度的提高。

（4）利用业余时间阅读幼教方面的书籍，不断丰富自己的知识，拓宽视野。

（5）在园活动设计中有创意，寻求自己的教学特色。全方位地感受幼儿，具备积极的工作态度。

（6）报考成人幼教专业本科班，在专业院校、专家的指点下快速成长，满足行业发展需要。

（7）加强业务管理水平学习，不断提高管理水平。

第三年（2019—2020年）：管理上水平，发展求效益

（1）逐步形成自己的风格和人格魅力。广泛学习，将所学的理论付诸实践，并在实践中调整自己的观念和手段，形成自己的教育、管理风格，做一个有魅力和魄力的业务园长。

（2）具备指导家长提高科学育儿的能力，根据个别幼儿的实际情况，制定相应的对策。

（3）加强日常工作中对教师团队的观察与反思，培养自身敏感性，力求能敏锐地感受到教师队伍的需求。

（4）指导教师积极参加各种技能技巧比试、优质课评比、教育教学观摩、研究课、公开课、示范课和论文、教科研及教案评比等活动，使幼儿园的综合素质始终处于动态发展的状态中。

（5）不断提高业务能力，争取成为一名优秀的业务园长。

五、总结

以上是我个人制订的成长规划。希望我能在今后的三年有所收获，使自己更快地成长起来，成为一名优秀的幼儿教师，成为一名优秀的幼儿园业务管理者。

马秀芳个人三年成长规划

一、个人基本情况

姓　　名：马秀芳	性　　别：女	
出生年月：1987.01.25	专　　业：学前教育	
职　　务：保教主任	职　　称：二级教师	
进入锦幼大家庭时间：2012.09		

二、现状分析

　　算算自己工作时间，已七年有余。七年的时间相对于教师的职业生涯来说也不算长，但对于我来说，却经历了几个转折点。2011年从大学毕业的我，初出茅庐，满腔热血，第一份正式工作是在一个民办园做幼师。但工作不到一年，我感到前途迷茫，于是毅然辞去工作，选择应考公办园，并幸运地进入锦苑实验幼儿园。带班期间，我从刚开始的不知所措、矛盾重重到渐渐适应，也积累了一定的带班经验，在家园合作中也有个人的一些心得。2014年，我离开教师岗位，进入保教处，主要分管教科研工作。刚脱离教师岗位的我，缺乏管理经验，在一些事情的处理上往往感性超过理性。在教科研工作中，也浮于表面，缺乏相应的深度。近四年行政岗位的磨炼，让我对自身的工作也有了一定的认识，对自己未来的职业规划也有一些个人的想法。当教师这个职业没有那么多、那么快的外在回报时，怎样在工作中寻找个人的满足感？我到底想从职业中获得什么？我想，这是我们每个人都要考虑的问题。

1. 优势

有一定的学前理论的基本知识和基本理论，善于学习，勤于反思，有进取心、责任心。待人真诚，处事踏实稳重，有基本的适应能力和团队精神。

2. 劣势

有一定的主见，但有时候过于偏执，容易走进死胡同。性格直率、任性，处事欠灵活，临场应变能力也亟待提高。

三、总体发展目标

（1）加深对幼儿园课程的理解，争取在未来几年和团队一起构建出总、分园有品质的特色课程。

（2）积极学习各种教育理论，更深层次地理解《幼儿园教育指导纲要》《儿童学习与发展指南》，深入学习《幼儿园教师专业标准》和《幼儿园园长专业标准》。

（3）督促、检查各年级组成员完成计划情况，抓好常规性工作和幼儿一日生活，保证幼儿园良好的保教工作秩序。

（4）加强业务学习，提高自己在业务上作为指导教师的能力。

（5）树立大局意识，学会恰当分担。

四、具体规划

第一年（2017—2018年）

（1）深入学习《儿童学习与发展指南》《幼儿园教师专业标准》《幼儿园园长专业标准》等文件，切实把先进的教育理念和科学的教育方法落实到保教常规中。

（2）协助园长完成《园长引领教师成长的途径与策略研究》课题中期汇报工作，积极申报《基于晨间活动中幼儿游戏操的园本特色化研究》市级子课题，并深入落实。

（3）制订教研计划，安排好每次教研组学习活动的内容，并做好教研工作总结，定期向园长汇报教研组工作。

（4）引导教师共同树立"一日生活皆课程"的教育理念，并逐一进行细化。

（5）经常在网络、书籍、期刊上查阅一些教科研的资料，并及时整理、记录。

（6）经常深入教学一线听课、评课及给予指导。

（7）对自己每周的工作做到有计划、有目的，能够合理安排时间，尽量避免时间的隐形浪费。

（8）精读一本教育专著，并撰写心得。

（9）着手培养自己运用信息技术的能力。

第二年（2018—2019年）

（1）拟定《保教工作常规检查表》，督促、检查各年级组完成计划情况，抓好常规性工作和幼儿一日生活，保证幼儿园良好的保教工作秩序。

（2）协助园长完成《园长引领教师成长的途径与策略研究》课题结题汇报工作，并制定童谣课程体系的实施方案。

（3）积极参加各种教科研活动，整理并汲取精华，并运用到日常的教育教学管理工作中。提高自己的教科研能力，使园内的教科研工作更上一个台阶。

（4）加强幼儿个别化学习区域活动的开展，尝试开展幼儿自主性游戏。

（5）学习常用的办公软件，尤其是Excel的操作与运用，学习音乐剪辑、视频编辑等相关软件的使用。

（6）尝试改变个人习惯，学习和他人沟通的策略和方法，学会三思而后行。

第三年（2019—2020年）

（1）协助园长着手落实省级课题上报工作，扎实开展园本教研，积极构建主题性童谣课程。

（2）在全园开展幼儿个别化学习区域活动的同时，开展主题背景下的幼儿自主性游戏，并尝试撰写游戏故事。

（3）提高自己的内修，并通过一些途径扩大知识面。

（4）能较熟练地运用一些信息技术工具。

（5）具备良好的教科研能力，在教科研工作上有所突破。

（6）提高自己的沟通能力和交往能力。

五、总结

水无点滴量的积累，难成大江河；人无点滴量的积累，难成大气候。工作不是一蹴而就的，只有付出才有收获。合理的自我规划有助于我有计划、有步骤地开展工作。在工作中，我要勤思考、勤实践、勤积累，深入一线、深入实际，多体验、多了解，争做一名合格的管理者。

邓卉个人三年成长规划

一、个人基本情况

姓　　名：邓卉	性　　别：女	
出生年月：1985.06	专　　业：教育学	
职　　务：分园保教主任	职　　称：一级教师	
进入锦幼大家庭时间：2014.09		

二、现状分析

　　进入锦幼这个大家庭已有五年整。这五年对于我来说，是不断成长、不断历练的过程。自从区划调整、跨江联动以来，原在沈巷中心幼儿园工作六年的我，也随着时代的变迁成为锦苑沈巷分园的一分子。在总园的引领下，分园开展科学、规范化办学，同时也进行着各类活动。从未组织开展过大型活动的我，刚一开始显得不知所措、无从下手。在多次与总园的互动中，我现学现卖，积累了宝贵的经验。

　　2015年，我离开教学一线，进入保教处工作，主要分管教科研工作。刚脱离一线的我，缺乏管理经验，原则性不强，在教科研工作中浮于表面，缺乏深度。通过几年的磨炼，我逐渐对未来的职业规划有了一些想法。怎样寻找职业幸福感，怎样带领教师进入更深层次的专业成长，这是我需要考虑的问题。

1. 优势

　　（1）有一定的带班经验，善于学习，勤于反思，有进取心、责任心。

（2）诚恳待人，有团队精神。

2. 不足

（1）缺乏深入的科研素养和良好的科研能力，缺乏交际应变能力。

（2）缺乏创新能力和素养。

（3）很多事情空有想法，由于惰性或各种原因不能深入贯彻、落实。

（4）心理状态不稳定，时而满腔热血、奋力拼搏，时而得过且过、职业倦怠。

三、总体发展目标

（1）带领教师积极学习学前教育理论知识，加强对《幼儿园教育指导纲要》《儿童学习与发展指南》的解读。

（2）深入理解幼儿园课程，争取在未来几年里和团队一起构建有品质的特色课程。

（3）督促各年级组成员完成计划情况，重点抓好幼儿一日生活的常规工作，维持幼儿园良好的保教工作秩序。

四、具体规划

第一年（2017—2018年）

（1）协助园长完成《弘扬本土文化，构建园本特色的实践研究》课题开题和中期汇报工作，并围绕课题认真落实各项工作。

（2）通过开展大教研、年级组教研活动，引领教师共同树立"一日生活皆课程"的教育理念，并注重幼儿常规的培养。

（3）学会合理安排时间，提高工作效率。

（4）提高信息技术应用的能力。

第二年（2018—2019年）

（1）协助园长完成《弘扬本土文化，构建园本特色的实践研究》课题结题汇报工作。

（2）带领教师解读《幼儿园教育指导纲要》《儿童学习与发展指南》的精神，提升自己的专业修养。

（3）掌握一定的信息技术，尤其是视频的剪辑、制作技术和办公软件的应用技术。

（4）有一定的教科研能力，在园内的教科研工作中有一定的提升。

（5）认真钻研各学科的教学技巧，提升自身的教学水平。

（6）走近教师身边，学会倾听教师的心声。

（7）详细分析班级情况，做到科学保教。

（8）多提供舞台，提高教师的个人素养，培养一支自信的教师队伍。

（9）不断阅读有关幼儿园课程、游戏等理论书籍，提升自己的业务素养。

第三年（2019—2020年）

（1）基于《儿童学习与发展指南》带领教师学习区域游戏的创设和解读幼儿游戏的智慧和策略。

（2）拟定"保教工作常规检查表"，督促、检查各年级组完成计划情况，抓好常规性工作和幼儿一日生活，保证幼儿园良好的保教工作秩序。

（3）能较熟练地运用信息技术工具。

（4）在教科研工作上有所突破，具备良好的教科研能力。

（5）提高自己的沟通能力和交往能力。

（6）阅读幼儿园管理、科学保教等书籍，提升自己的管理水平。

（7）放平心态，回归到课堂、幼儿中间，做个有理论、有实践的教师。

（8）筹划活动时，一切从细节着手，使每场活动都尽量不留遗憾地完成。

（9）积极撰写教科研论文，并尝试投稿。

（10）对自己每周的工作做到有计划、有目的，能够合理安排时间，尽量避免时间的隐形浪费。

（11）敢于想、敢于做，不断学习、反思，积累经验。

五、总结

对于教师的成长来说，坚忍不拔、刚强不屈的意志是非常重要的。行百里半九十的人不可能取得成功，真正的成功者是坚持走完最后十里路的人。在任何时候都要坚持自己的原则和理想，不要放弃。在工作中，学会舒展自己的心灵、挖掘自己的潜能、张扬自己的个性，让自己的生命之树蓬勃向上、葱茏繁茂，绽放出美丽的花朵，结出丰硕的果实。

仇泽萍个人三年成长规划

一、个人基本情况

姓　　名：仇泽萍	性　　别：女	
出生年月：1981.05	专　　业：学前教育	
职　　务：年级组长	职　　称：二级教师	
进入锦幼大家庭时间：2012.07		

二、现状分析

　　幼儿园的教育应面向所有幼儿，教师应当为每个幼儿的活动提供机会和充足、丰富的材料，以保证每个幼儿各方面发展的需要。教育目标具有导向作用。在教育活动中，教师应增强目标意识和过程意识，在制定和落实目标的过程中充分考虑到本班的具体情况，具体问题具体分析。教育内容的选择与组织应根据教育目标，有助于幼儿的学习。游戏是幼儿园的基本活动，教师应寓教育于生活、游戏之中，成为幼儿学习活动的支持者、合作者、引导者。我们应当在教育的每一个环节都渗透健康教育理念，实施健康教育。

　　教师应积极参与园内外听课培训、说课、评课等教研活动，认真做好听课笔记、反思及随笔。通过不断的学习、反思、改进，让自己在教育教学方面能够有所成长。

　　现将我在教师专业成长上的优势和不足总结如下。

1. 优势

热爱幼教工作，积极、主动探究工作中的新颖想法，对待工作认真负责；能够较快融入集体，与同事相处融洽；认真对待园领导安排的工作事宜，尽心完成，并得到园领导和同事的一致好评；在艺术方面专业较突出，能够学以致用，亲自排练的舞蹈和体操均获得了市级一等奖。

2. 劣势

教学中，语句不够精简，教学模式比较陈旧，缺少创新意识，不能很好地学以致用。希望以后通过园内外的听课、评课、磨课等活动，让自己不断进步、不断突破。

三、指导思想

以全面贯彻落实《3—6岁儿童学习与发展指南》为核心，积极学习各种教育理论，多尝试学写教育理论内容的论文，更深层次地理解《3—6岁儿童学习与发展指南》，并深入学习和研究新课程理论及课程标准，和所有教师一起在各个方面努力成长，激励自己成为一名优秀的幼儿教师，并朝着专家型教师的目标迈进。

四、预期目标

1. 总目标

（1）在工作中，提高自身的耐心和细心；在教学中，运用生动、流畅的语言，提高自己的表达能力和组织管理能力。

（2）加深对幼儿园课程的理解，正确把握每节课的重难点。多上课，上好课，努力成为一名优秀的、专家型的幼儿教师。

（3）虚心向专家学习，多学习一些专家的教育理念，和本班专职教师、生活老师共同管理好班级，发挥班级的特色，培养幼儿的良好习惯。

2. 阶段目标

第一年（2017—2018年）

（1）关心每个幼儿，对幼儿细心耐心，在常规方面以身作则。

（2）加深自身对美术课程的学习，提高自己的审美意识。

（3）多观摩园内外优秀教师的课，学习他们的优点，弥补自身的不足。

（4）积极参与园内的教研活动，发现不足及时改进，逐步提高自身能力。

第二年（2018—2019年）

（1）用爱心包容每一个幼儿，和幼儿心连心地交流，也教育幼儿与幼儿之间心连心。

（2）多读书、多学习，并在一定的基础上尝试写一些论文，参加征文等活动。

（3）对课程的内容要把握精确，上好每一节课，让幼儿快乐地学习。

（4）不断提高自身的教科研水平，能有成功的并值得别人学习的模仿课产生。

第三年（2019—2020年）

（1）学无止境，和幼儿一起学习，让自己永远精力充沛，学习更多的知识。

（2）紧跟新的教育理念，加强对专业技能的学习，不落后并富有创新。

（3）能有更多的好课和大家一起商讨、一起研究，在教学方面有更大的进步。

（4）提高自身的科研能力，具有独立进行科研活动的能力。

五、发展导向

1. 在读书中求进步

坚持阅读，积极进取，转变观念，珍惜每次培训的机会，认真完成培训作业。抓住这一契机提高理论水平，同时积极利用空余时间学习教育理论、先进经验和新的教育理念，不断拓宽知识视野，增加知识储备，在做中学、学中做，不断积累经验，使自己在教育教学能力、教研水平上有质的飞跃。

（1）经典阅读：《影响教师的100个好习惯》《陶行知名篇赏析》。

（2）选读书目：《观察：走近儿童的世界》《给教师的建议》《教师20项修炼》《做最好的老师》。

（3）每月必读：《幼儿教育》《早期教育》《学前教育》。

2. 在实践中求发展

认真学习《幼儿园教育指导纲要》《儿童学习与发展指南》，深刻领会其中的精神。根据幼儿的身心特点、学习能力、兴趣爱好等，设计并开展有针对性的教育教学活动，让幼儿健康成长。在完成日常教学工作的同时，通过多种渠道进行自学，在日常教学工作中发现问题、解决问题，勤反思、勤动笔。积极组织教师开展各种听课、评课活动，组织高质量的教研活动，提高教师的教研能力和教学能力。

除了认真研读和学习教育教学的先进理论书籍外，也要虚心向身边有经验的教师请教，向教育名师、教育专家学习，学习他们长期积累下来的好经验和好方法，汲取优秀课堂教学方法和宝贵的教学经验，以弥补自身的不足，力求不断提高自己的教学水平，争取新的突破。另外，作为一名骨干教师，要勇于在幼儿园、区、市承担公开教育教学活动，通过合作交流进一步提高教学水平，在锻炼中求发展。

3. 在科研中求突破

要有科研意识，不断加强理论学习，还要善于积累科研中典型的教学案例。在培训中，要认真学习新知识，认识到教育科研的现实意义，不断提高自己的理论水平和思想素养；在日常教学中，要经常进行自我反思，重构自己对教育教学理论与实践的基本看法，不断提高自身的教科研能力，从而提高科研成果的价值。

六、具体目标

1. 加强师德修养

教师的基本要求为依法执教、爱岗敬业、热爱幼儿、严谨治学、团结协作、尊重家长、廉洁从教、为人师表。师德的核心即爱岗敬业、教书育人和为人师表。

2. 树立正确的教育理念

树立正确的教育价值观、质量观和人才观，树立正确的学生观，体现教学理念与教学实践的紧密结合，从而增强教师自主学习和反思自身教学行为的能力。树立终身学习的观念，提升自己的师德修养。经常阅读教育类、心理学类书籍，完善自己的知识结构，增强自己的文化素养。学习先进的教育教学理念，努力建构自己的专业知识体系。

（1）发展和学习应该是自主的，而不是依靠外部的。个人应该成为自己发展和学习的管理者。

（2）发展和学习应该是可持续的、长期的。要认识到，个人的专业发展是分阶段的、连续的，教育的知识也在不断地增长和更新。因此，发展和学习不可能是一次性的，应该做好长期的规划和心理准备。

（3）学习和发展的内容和途径应该是全方位的。当今社会是一个开放的信息社会，获得信息的渠道非常广泛，主要包括社会考察、网络学习、课题研究、观摩学习、学术讨论、实践和行动研究等方面。此外，学习的内容也不仅仅局限于教材和教学法，而应该是更广泛的知识领域。要了解幼儿、了解社会，让自己做一个真正的文化人。

（4）善于思考，在实践中探求、感悟。要坚持用脑子工作，力争做到在反思中扬长、在审视中甄别、在前瞻中创新。时刻把工作与思考相结合，在思考中工作、在工作中思考，创造性地开展工作。学习与思考同行，立足自己的学科教学，多学习与此有关的书籍，做好读书笔记，提升个人素质，广泛涉猎各类学术丛书。

3. 教学与研究同步

围绕申报的市级课题，重视对好课的研究、实践，在探索、感悟、反思中丰富自己，使自己成为一个学者型教师。从课题的采集、方案的撰写、课题的申报及立项、开题等工作中，锻炼自己、提高自己，参与课题组成员，开展课题研究的常规工作，尝试观察幼儿的发展情况，并积极改进教育的方法。

4. 个人与团队共进

个人的发展离不开团队的发展。在教师这个群体中，我们既各有优势，也各有不足。在今后的工作中，我要充分利用身边的教育资源，向教学上有经验的教师学习探讨。同时，在承担带徒的工作中，也要与青年教师共同学习、共同进步，使青年教师快速成长、崭露头角，让自身也能担得起"骨干教师"这一称号。

七、总结

教育工作是一项常做常新、永无止境的工作。社会在发展，时代在前进，作为一名骨干教师，必须以高度的敏感性和自觉性，及时发现、研究和解决教育和管理工作中的新情况、新问题，掌握其特点，发现其规律，尽职尽责地做好工作，以完成我们肩负的神圣使命。

教学之艺，变化无穷，我将把"吸取先进经验，取长补短，常研究理论信息，推陈出新"铭记在心，努力工作，决不辜负各级领导对我的信任，让自己无愧于"骨干教师"这个光荣称号。

符仁芳个人三年成长规划

一、个人基本情况

姓　　名：符仁芳	性　　别：女	
出生年月：1988.09.12	专　　业：学前教育	
职　　务：党支部书记、专职教师	职　　称：二级教师	
进入锦幼大家庭时间：2013.02		

二、现状分析

　　30岁的我，热爱幼教并坚持在一线岗位工作，至今已有十余年。我一直按照幼儿园的教学安排，积极参与各项活动。作为一名共产党员，我严格要求自己，坚持立德树人，具有较高的工作热情和实践经验，善于接受新事物，有较强的可塑性。在长期的教育教学活动中，我形成了自己独特的风格与特色。目前，我作为鸠江区第一个学前教育名师工作室的主持人，能积极发挥"示范引领"的作用。

1. 优势

　　（1）责任心强，善于沟通，与同伴相处融洽。

　　（2）具有一定的实践教学经验，对待教育教学有自己的想法。

　　（3）擅长语言教学，肢体语言丰富，语言感性。

2. 劣势

　　（1）专业知识不够丰富。

（2）美术方面比较薄弱。

（3）时而会有些惰性。

三、总体发展目标

（1）强化自身的专业素养，学习先进的理论知识，提升教学活动质量，充实提高自己。

（2）提高课堂教学水平，在教育教学上形成自己的风格和特色，发展自己多领域的教学。

（3）做好党支部工作，积极开展工作室活动，提高自身的教科研能力。

四、具体规划

第一年（2017—2018年）

目标：

（1）钻研学习，提高理论水平，并运用到日常教学中。

（2）加强自己的专业技能，带领幼儿积极参与各项活动。

（3）带领的班级要有自己的风格和特色。

（4）巩固语言教学，在语言教学方面做到有自己的特色。

措施：

加强师德素养，认真学习《3—6岁儿童学习与发展指南》；遵守园内各项制度，积极参加园内外的活动，在教学中磨炼自己，多实践、多反思，提高自己的教育教学水平；多观摩优秀案例活动，改进自己的教学方法；指导青年教师，并虚心向青年教师学习绘画方面的知识。

第二年（2018—2019年）

目标：

（1）带领班级幼儿，熟悉并灵活运用幼儿的年龄特点，注意个体差异。

（2）熟练掌握教材的基础，在课题研究中起到重要作用，并积极撰写课题论文。

（3）开展名师公开课展示活动，带领工作室成员学习、研讨。

（4）除语言外，寻求自己另一教学领域（音乐）的特色。

（5）继续加强理论知识的学习，提高自己的阅读能力。

（6）观念不断更新，多学、多研、多上优质课，争评一级职称。

措施：

通过自己观摩后的总结，能有质量地评课，给其他教师提出一些建议。丰富自己的阅读量，并能将自己看到的、学到的、想到的运用到课堂上，形成自己的教学风格。在区教研员的带领下，做好工作室的工作，并督促自己按时完成党支部工作。

第三年（2019—2020年）

目标：

（1）争取完成心理咨询师的学习任务，更进一步了解幼儿，解读他们的心理。

（2）在课堂教学中有创意、有想法，形成自己的教学特色。

（3）寻找、探索自己在另一领域（健康）的教学特色。

（4）抓好党建工作，开展名师工作室活动，给工作室的研修成员提供展示自己的机会。

（5）继续阅读教育书籍，提升自己的精神境界，做一名有学问的教师。

（6）加强多方面理论知识的学习，提高自己的专业理论知识，更好地指导实际工作。

措施：

形成个人的教学特色，有自己的教学模式，能带领其他教师共同进步，提高他们的教学能力；加强业务能力，认真开展教研专题活动；提高自己的组织能力及表现力；积累经验，发挥示范作用，提高自身素质，成为一名学者型教师。

五、总结

回顾过去，有得也有失，我要带着澎湃的心情，重新出发。虽然当下的自己状态不是最好的，但我可以清楚地认识自己，重拾最初的那颗心，继续前进。展望未来，坚信"越努力、越幸运"！只要有对教育事业的忠心、对幼儿的爱心、对工作的恒心、对自己的信心，就一定会有收获！

毛秀梅个人三年成长规划

一、个人基本情况

姓　　名：毛秀梅	性　　别：女	
出生年月：1986.9	专　　业：学前教育	
职　　务：专职教师	职　　称：二级教师	
进入锦幼大家庭时间：2013.08		

二、现状分析

十二年前的今天，我已为人师半年。回顾自己走过的路，有辛酸、有泪水、有感动，更有着成长的喜悦。回首初次带班的经历，面对一群稚嫩的幼儿，我一次次在探索中体验，在失败中成长，最后收获了一张张天真的笑脸。我以一颗真心换来了幼儿对我的爱，实现了踏上工作岗位的第一个目标——做一名让幼儿喜欢的教师。作为教师，我们永远不能满足于过去取得的成绩，也许未来的道路上满是坎坷和荆棘。不管前路如何艰险，我相信只要有知难而上、努力探索的精神，我们就可以披荆斩棘，为自己的人生和理想奏出完美的乐章。

1. 优势

从教多年，我很庆幸自己还坚守在岗位上，并且从未想过放弃。来锦幼已是第六个年头，这里像家一般温暖，我与同事、家长、幼儿能友好相处。我做事追求完美，态度认真，对工作认真负责，喜欢探索创新。

2. 劣势

虽有一定的教学经验，但我在教学能力及活动组织方面仍需加强。教师专业技能还要不断提升，教研水平也亟待提高。

三、总体发展目标

三尺讲台，书写着多少执着与梦想；三尺讲台，播撒着多少阳光和希望！很庆幸自己能从事这样一份有意义的工作，幼儿园虽没有三尺讲台，可站在幼儿中间，心中就有了一份沉甸甸的责任感！怎样才能无愧于这份神圣的工作，是我一直在思考的问题。使自己快速成长，在师德、业务等各方面都有较大的进步，并快速跟上新课程、新教育的思想步伐，是我未来发展的目标。

（1）以情动人，以理服人，形成自己的教育方法。

（2）在实践中探索，努力提高教学水平。

（3）在实践中学习，不断发展、完善自己。

四、具体规划

第一年（2017—2018年）

（1）主动向资深教师及同事学习，在实践中提高自己的教学能力。

（2）在工作中真正用心去爱每一名幼儿，让他们养成良好的行为习惯。

（3）通过网络学习或者资料阅读的方式，分析专家教师的教学方法和技巧，培养幼儿的学习兴趣，并在实践中尝试使用这些技巧，使自己的教学反思能力和分析能力不断提高。

（4）认真观察幼儿及班级实际情况，做好观察记录，学会反思教学，做到活动后有反思。

（5）认真参加每一次的教研活动和各种学习活动，认真思考并做好笔记，虚心学习。

（6）工作中不断阅读有关教学理论的书籍，提高自己。做到多听、多看、多写，扩大自己的知识面，从而使理论服务于实践，提高自己的教学基本功。

第二年（2018—2019年）

（1）总结第一年各项计划的完成情况，分析自己的提升点以及计划完成的不足之处。制订第二的年计划，进一步提升自己的专业能力、教育教学能力。

（2）深入学习《3—6岁儿童学习与发展指南》及《幼儿园教育指导纲要》，并结合自己的教学实践，分析如何做好幼儿的教育工作。

（3）提升自己的教学能力和专业水平，及时总结反思，向同事和资深教师请教，针对个案进行分析，为自己科研能力的提高打下坚实的基础。

（4）尝试设计有创新的教学活动，并严格按照幼儿的年龄特点设计环节，更有效地引导幼儿学习，提高幼儿的学习兴趣。课后继续做好反思工作。

（5）参与各种教育教学培训进修活动。取长补短，形成自己的教学风格。

（6）积极参加函授学习，提高自己的专业知识。

第三年（2019—2020年）

（1）争取认真完成函授学习任务，在各个学科上取得较好的成绩，并撰写论文，为毕业做努力。

（2）继续阅读教育相关书籍和一些有思想力的作品，提升自己的精神境界，并坚持听课，谦虚学习，成为一个有自己教学风格的教师。

（3）带领年轻教师熟悉掌握幼儿园的一日活动，提高他们对活动的组织能力。

（4）提高自己的科研能力，积极参与幼儿园的科研工作。在教学活动中细心观察，善于思考，认真总结，争取写出一些高质量的教学论文，为自己的教学生涯总结经验。

（5）主动参与幼儿园的建设工作，为幼儿园的发展添砖加瓦。

五、总结

以上是我三年的成长规划。在这里，我也想说说自己制定的三年生活目标，因为生活和工作是相辅相成的，工作就是为了更好的生活。生活目标第一年：努力做到工作生活两不误，多陪伴家人、孩子；生活目标第二年：提高生活质量，让孩子更好地适应小学生活；生活目标第三年：也许会有二宝计划。希望自己的生活和工作一样精彩，做个自强、有魅力的家庭职业人！

成功是明天的事，今天的我还在路上。三年，是我为自己制定的成长期限。三年里，我将踏踏实实、不懈努力，在自己平凡的岗位上创造出不平凡的成绩。

雍翠个人三年成长规划

一、个人基本情况

姓　　名：雍翠	性　　别：女	
出生年月：1987.9.21	专　　业：汉语言文学	
职　　务：专职教师	职　　称：一级教师	
进入锦幼大家庭时间：2014.09		

二、现状分析

我从事幼儿教育工作已经有七个年头了。作为一名幼儿转岗教师，我深切地感受到幼儿教育工作的繁重和辛苦。七年来，我一直秉着认认真真、踏踏实实的态度工作，但在教学业务上仍然没有产生新的突破，遇到问题不能全面、到位地分析。

1. 优势

（1）我喜欢幼儿的天真烂漫，与幼儿在一起感觉非常幸福。

（2）对待工作认真负责，充满激情，有着好学的精神，敢于挑战新事物。

（3）六年的带班经验，让我对教育幼儿有着一定的经验和心得，有着较丰富的带班经验。

（4）幼儿园里有一群可爱的同事，他们有朝气、有激情、有拼搏精神，和他们相处在一起，可以感受生活的美好。

2. 劣势

（1）自身专业理论水平欠缺，写作水平仍需加强。

（2）专业技能缺乏，特别是艺术方面的技能薄弱，包括舞蹈、钢琴、画画等方面。

（3）遇到事情容易情绪化，考虑问题不全面，分析不到位。

（4）创新能力有待加强。

三、总体发展目标

（1）提高个人的思想境界，成为一个有"爱"的教师，即成为爱国守法、爱岗敬业、关爱幼儿的"三爱"教师。

（2）提高自身教学专业性，成为一个自信的教师。具备专业能力，散发自信，能积极面对工作，用饱满热情的状态迎接每一天。

（3）全方位地感受幼儿，成为一个有"感觉"的教师。能真正了解幼儿的内心，走进幼儿内心世界，发现幼儿的闪光点，抓住幼儿的兴趣点。

（4）提升多种能力，成为一个会学习的教师，如提高选取教育资源、运用教育资源的能力和教育教学的能力、教科研能力等。

（5）转变观念，成为一个服务型的教师，不断地提升自己的服务意识，明确自己的工作职责。

四、具体规划

第一年（2017—2018年）

（1）严格遵守幼儿园的各项规章制度，努力工作，认真刻苦钻研。

（2）认真学习《3—6岁儿童学习与发展指南》和《幼儿园教育指导纲要》，掌握其精神。以《3—6岁儿童学习与发展指南》为指导，以《幼儿园教育指导纲要》为准则进行教学活动。

（3）进一步掌握组织幼儿一日生活及各种教学活动的业务技能，做到认真备课、努力创新，寻找自己的教学风格。

（4）工作中通过多种渠道学习新的教育理念与教育方法，不断提高自己的专业素养，提升专业水平，坚持做到多听、多看、多写、多反思。

（5）三人行必有我师，向有专长的教师学习，多和同事交流、合作，多听优秀教师的课，学习别人的优点和特长，整合自己的特点。

（6）在教学活动中，大胆尝试现代化多媒体信息技术，通过自学、进修提高自己对多媒体的掌控能力（如学会做课件）。

（7）积极参加园里的活动，在力所能及的情况下发挥自己的长处，使自己得到锻炼和提高。

（8）提升自身的教育技能技巧，如绘画、手工制作、舞蹈、弹奏乐器等。

（9）加强家长工作的开展，做到与家长适时、有效地沟通。

（10）积极参加区级骨干教师评选。

（11）积极投入教育科研，认真撰写论文。

第二年（2018—2019年）

（1）总结第一年各项计划的完成情况，并深入了解自己计划完成的不足之处。在此不足的基础上，制订第二年计划，进一步完善并提升自己的专业水平和教育教学的能力。

（2）继续深入学习贯彻《3—6岁儿童学习发展指南》和《幼儿园教育指导纲要》中的精神，并多阅读幼儿教育类书籍或者教育类期刊，如《幼儿教育》《早期教育》等，了解更多著名教育专家、行家的观点，了解当前的教育动态，不断丰富自己的文化素养。

（3）加强日常工作中对幼儿的观察与反思，培养对教育的敏感性，力求敏锐地感受到幼儿的需要。

（4）积极借助各种交流与展示平台，促进自己业务能力的提升，积累丰富的经验。认真上好每一节课，把教学能力的提高落实在每一天的课堂教学中。

（5）通过园所的课题研究与实践，提升自身的教研水平。积极参加每一次教研活动，认真思考并虚心学习。

（6）继续学习并应用多媒体教学手段丰富课堂，带动幼儿的学习兴趣。

（7）积极参加区组织的各项比赛活动，运用PPT课件自创视频游戏，掌握视频游戏的制作方法。

（8）转变工作角色，明确办公室工作职责，熟悉办公室规章制度，掌握工作要求，明确新的工作任务。

（9）加强自身锤炼，提升业务能力，包括提升写作能力和语言表达能力。

（10）做好日常工作，配合园长和副园长协调好园内外的各项工作，负责、及时、准确地传达上级文件中的指示精神，并对幼儿园各类会议做好会议记录，整理各类资料。

（11）落实幼儿园的安全管理措施，定期开展安全检查。重点把关食堂安全，确保幼儿饮食安全。加强安全教育，积极向幼儿、教师、家长宣传安全意识。

（12）加强幼儿园的卫生保健工作，要求各班级做好卫生消毒工作。

第三年（2019—2020年）

（1）深入学习《3—6岁儿童学习发展指南》《幼儿教育指导纲要》，深刻把握《3—6岁儿童学习与发展指南》《幼儿教育指导纲要》的精髓，遵循幼儿身心发展的规律和学习特点，牢固树立以人为本的管理理念。

（2）在教育教学上，能注重保教结合、全面发展的原则，尊重每一位幼儿，发展他们的个性。科学安排幼儿一日活动，保证幼儿动静结合，促进幼儿身心全面发展。

（3）继续阅读与教育相关的书籍和书刊，提升自己的精神境界，丰富自己的文化素养。

（4）进一步提升写作能力，加强理论学习，注重公文写作的锻炼，勤思考、勤动笔。

（5）进一步提升自己的语言表达能力，加强说话训练，做到汇报工作准确、简洁、清楚。

（6）提升自己的办事能力，能够正确领会工作内容，勤于思考，能按照工作职责和领导交办事项的要求，较好地完成任务。

（7）做好教师考勤统计工作，认真、客观地记录每天教职工的考勤情况和每月的考勤统计情况。

（8）继续做好日常管理工作，配合园长和副园长协调好园内外的各项工作，能负责、及时、准确地传达上级文件指示精神，并对幼儿园各类会议做好会议记录。

（9）继续加强幼儿园的卫生保健工作，认真做好晨午检工作，并深入班级巡视，加强对体弱儿的管理工作。定期开展卫生检查工作，要求各班级做好卫生消毒工作。

（10）安全工作常抓不懈，我会继续完善和落实安全措施，时刻将安全责任落实到位，确保幼儿健康成长。

（11）继续提升自己的服务意识，成为一名合格的办公室工作人员。

五、总结

新的工作，新的挑战，新的起点，新的机遇。我必须重新认识自己、发现自己，让自己更加自信、自强，从而发挥自己的潜能。为自己树立更高远的目标，通过不懈努力，面对挑战勇于创新，追求进步。

胡沁个人三年成长规划

一、个人基本情况

姓　　名：胡沁	性　　别：女	
出生年月：1989.11.26	专　　业：钢琴	
职　　务：专职教师	职　　称：二级教师	
进入锦幼大家庭时间：2012.07		

二、现状分析

2009年7月，我毕业于安徽师范大学音乐学院钢琴专业。毕业后，我在"安徽省农村中小学特设岗位"成为特岗教师，志愿服务三年。三年后服务期满，我有幸加入了锦苑实验幼儿园的教师团队。

我平时勤于学习，善于思考，在实践中探求、感悟。虽然不是幼教专业毕业，但为了更好地提高个人的专业素养，努力成为一名反思型教师、科研型教师，我制定了三年个人成长规划。

1. 优势

工作踏实，热爱教育事业，热爱幼儿。在工作中，能够积极完成园领导布置的各项任务，与同事关系融洽，乐于助人，善于接受别人的不同意见，虚心向他人学习，有一定的教学经验和理论知识，能够积极参加各类教研活动和教师继续教育学习。

2. 劣势

学前教育教学经验不够丰富，教育教学手段和方法略显落后，教科研能力薄弱，课题研究和论文能力有待进一步提高；驾驭教材的能力、设计课堂教学的能力和教师语言水平有待进一步提高。在专业素养和专业知识上有许多不足，尤其缺乏对幼儿心理的研究。在教育科研方面，往往停留在感性经验的层面。

三、总体发展目标

（1）教育理念得到更新，能够以发展性眼光看待幼儿与教学，具有一定的创新精神及研究意识。

（2）进一步钻研学习现代教育理论，钻研新教材，掌握基本的教学规律，努力提升专业素养和教育教学能力。

（3）探索生本教育理念下的新型课堂教学模式，构建自主、合作、探究的学习方式，树立正确的教育质量观。

（4）通过一系列的学习与研究，使自己成为一位"爱岗敬业、为人师表、教书育人、与时俱进"的新型教师。

四、具体规划

第一年（2017—2018年）

（1）现阶段已被评为"园级骨干教师"，努力向鸠江区"区级骨干教师"靠拢，并进一步学习现代教育理论，提升教育教学水平，努力朝着研究型教师努力奋斗。

（2）深入学习《3-6岁儿童学习与发展指南》及《幼儿园教育指导纲要》，吃准、吃透《幼儿园教育指导纲要》和《3-6岁儿童学习与发展指南》的精神。以《3-6岁儿童学习与发展指南》为指导，以《幼儿园教育指导纲要》为准则，进行教学活动。

（3）认真参加每一次的教研活动和各种学习活动，认真思考并做好笔记，虚心学习。

（4）在工作中不断阅读有关教学理论的书籍，提高自身的涵养，做到多听、多看、多写。扩大自己的知识面，从而使理论服务于实践，提高自己的教学基本功。

（5）学习使用媒体编辑和剪辑的软件，并提高PPT课件的制作水平和WORD文档的使用能力。

（6）坚持执行上述计划，不断提升自我，并时刻进行自我监督，让自己尽快成为一名合格的幼儿教师。

第二年（2018—2019年）

（1）由于职称的改革，原来的一级教师转为二级教师。要想成为一级教师，还需要多看理论书籍，多学习理论知识，要学以致用，积极撰写论文、案例、反思等，争取在省、市、区级活动发表论文或获奖。

（2）积极参与课题研究，争取研究出成果，提高自己的科研能力。

（3）加强师德修养，争取做一名幼儿喜爱、家长满意的教师。

（4）努力学习计算机应用技术，提高自己制作课件的水平。

（5）深入学习《3—6岁儿童学习与发展指南》及《幼儿园教育指导纲要》，结合自己的教学实践，分析如何做好幼儿的教育工作。

（6）参与各种教育教学培训进修，取长补短，形成自己的教学风格。

第三年（2019—2020年）

（1）积极参与课题的研究和教科研活动。

（2）参与园本研修活动，积极发挥骨干带头作用。

（3）在思想品德、科学文化、教育教学、专业技能等方面有所提高。

（4）每年至少写一篇1000字的读书笔记和两篇教学设计。

（5）课后有更深层次的思考，及时写反思。

五、总结

我在成长，锦幼也在成长。我愿用自己的激情和努力，与锦幼的全体教师一起，为锦幼共同谱写新的篇章！

范莹个人三年成长规划

一、个人基本情况

姓　　名：范莹	性　　别：女	
出生年月：1985.02	专　　业：学前教育	
职　　务：专职教师	职　　称：二级教师	
进入锦幼大家庭时间：2013.02		

二、现状分析

十六年的幼教工作，使我逐渐理解"教学相长""学海无涯"这些词的真正含义。记得十六年前刚从师范毕业，我意气风发，总觉得自己的学业已到尽头，接下来只是传道授业解惑。可是十几年间，幼教教材换了一本又一本，家长对教师的要求高了一截又一截，各种理念的不断冲击，各种新生事物的不断介入，使我觉得自己永远是一个没有毕业的学生，永远有许多新的知识要学习。

1. 优势

（1）专业知识。

具备学前教育的基本知识，了解一些先进的教学理念与方法。从事教学工作十余年，能不断更新自己的教学理念。平时除了认真钻研教材、潜心备课之外，也善于取他山之石，巧为自己之用，坚持"以人为本"的理念。

（2）专业技能。

作为班主任，我有较丰富的教育经验，对于班级管理有自己的思路与做法，能较好地培养幼儿的习惯，形成良好班风。能经常反思自己的教育教学行为，作出适当的改变。

（3）专业素养。

在教育教学工作中，我能认真学习其他教师的长处，不断提高自身素质，对课堂教学也有了自己的一些思考和想法；能认真对待本职工作，对幼儿有强烈的责任心和爱心；能遵守教师职业道德，对工作群体有合作、交流意识，肯于奉献。

2. 劣势

随着新课程、新理念的不断推进、深入，我发现虽然我在工作中认认真真、尽心尽力，但是在教育教学中的创新意识还不够，在日常的自我学习中也欠缺持久性和连续性。所以，我要在今后的教学生涯中不断规划、不断提高。

三、具体规划

时代在发展，社会在前进，教育工作者也面临着越来越大的挑战，墨守成规已经不能适应教育发展的新要求。为了教育事业的发展，为了更新自己的教育观念，加速提高自己的教学水平和教科研能力，我需要在教育教学实践中总结，并在总结中提升，形成自己的教学风格，成为学者型、研究型、专家型和创新型教师，特制订如下三年个人发展计划。

第一年（2017—2018年）

明确作为优秀幼儿教师的基本要求和发展方向，树立正确的价值观和责任意识。同时学会适应不同地方的工作环境，实现从合格教师向优秀教师的角色转变。

（1）完善自己组织幼儿一日活动及各种教学活动的业务技能，争做一名技能扎实的青年教师。

（2）扎实学习《幼儿园教育指导纲要》，学会说课、评课，分析教材的重难点。根据幼儿的发展和兴趣点，制订符合幼儿实际的各类教学计划，经常反思、评析自己的教学实践。

（3）经常与经验丰富的教师交流、沟通，学习组织幼儿及与家长沟通的有效方法。

（4）认真参加每一次的教研活动和各种学习活动，认真思考并做好笔记，虚心学习。

（5）努力提高自身的师德素养，成为一名师德高尚的教师。

（6）听优质课是进步最快的途径。要多听优质课，学习他人的教学长处。

第二年（2018—2019年）

具体规划：

（1）努力提高自身的能力，能根据幼儿的年龄特点和教育主题为幼儿创设适宜的物质环境和精神环境。

（2）在教学中学会制定以游戏为主的教育内容，因材施教，引导幼儿主动学习。

（3）能够有效地开展家长工作，利用各种形式与家长及时沟通幼儿的发展情况，并针对每个幼儿的不同特点给予相应的指导。

（4）要不断丰富自己的专业知识，多观看名师的教育教学视频，利用业余时间阅读幼教方面的书籍。

（5）在教学中有自己的创意，寻求自己的教学特色，全方位地去感受幼儿，具备积极的工作态度。

（6）争取在本年度努力提高演唱、绘画、舞蹈水平，遇到困难的地方虚心向有经验的教师学习。

第三年（2019—2020年）

（1）逐步形成自己独特的教育理念和教学风格。广泛学习，将所学到的理论付诸实践，并在实践中调整自己的教育观念和教育手段，形成自己的教育风格，做一个有个性的幼儿教师。

（2）能够根据个别幼儿的实际情况制定对策。在日常交流中，指导家长提高育儿水平和教育能力。

（3）在日常活动中加强对幼儿的观察与反思，利用自己的专业技能，力求敏锐地感受到幼儿的需要。

（4）积极参加各种技能技巧比试、优质课评比、教育教学观摩、研究课、公开课、示范课以及论文、教科研及教案评比等，使自己的综合素质始终处于动态的发展过程。

（5）力争本年度各项基本功更上一个台阶。

（6）不断提高业务能力，争取成为一名优秀的幼儿教师。

四、个人总结

1. 树立终身学习的观念

通过学习提升师德修养，丰富知识结构，增强理论底蕴。利用好"教师大练兵"的机会，多听老教师和同行的课。多听优质课，积极向同教研组前辈取经，吸取他人的长处，不断提高自己的教学能力，努力使自己的教学质量达到优良的水平。

2. 勤于动笔，提高教育科研水平

课前积极钻研教材，做好充分的备课工作。认真备好每一堂课，要做到备幼儿、备教材、备教具、备课堂四面俱到。课后做好教学后记与教学反思，把课堂困惑和自己的收获都记录下来，为以后写教研论文积累材料。

3. 多反思、多总结

在自己的教学过程中，时刻做到三个反思：教学前反思，培养幼儿兴趣、实践操作能力，优化教学过程；教学中反思，根据幼儿的回答、反应及时反思，给幼儿更好的回应与互动；教学后反思，课后认真对本次活动的各环节、与幼儿之间的对话互动、教学的有效性等方面进行反思，随时审视自己的教学行为，培养自我反思的习惯，形成自己的教学个性。多总结，定期对自己的教育教学工作进行总结。通过及时总结，有所沉淀，不断为今后的工作积累经验。

4. 家园共育

家园共育方面，家长工作尤为重要。家长工作是接洽家园的有用桥梁，只有做好家长工作，才能促进班级管理效率的提升。我将积极与家长联系，和家长共同探讨制定适合每个幼儿的教育方法，使家园结成教育伙伴，充分发挥教育的潜能。认真听取家长的意见和建议，满足家长的合理要求，缩短家长和教师之间的距离。加快家园联系窗内容的更换频率，为家长提供更优质的服务。

除此之外，我还必须做到每周向家长反馈幼儿的在园情况，经常了解家长的需求，努力使自己做得更好，成为家长心目中的好老师。在这三年中，我会慢慢改进自己，一步一个脚印，与幼儿一起成长，与幼儿园一同发展。

以上是我个人制定的成长规划，希望未来我能在自己的努力、园领导的培养、同事们的帮助下有所收获，使自己更快地成长起来，成为一名优秀的幼儿教师。

胡清个人三年成长规划

一、个人基本情况

姓　　名：胡清	性　　别：女	
出生年月：1989.06.04	专　　业：学前教育	
职　　务：专职教师	职　　称：二级教师	
进入锦幼大家庭时间：2013.08		

二、现状分析

我进入锦幼大家庭并从事学前教育工作，至今已有六个半年头了。虽然我不是学前教育专业毕业，但我喜欢幼儿，也热爱幼师工作，所以在2015年，我参加了安徽师范大学成人高考，利用课余时间学修了学前教育本科。工作中，我听从领导安排，积极参与园内外听课培训、评课等教研活动，认真做好听课笔记、反思及随笔。通过不断的学习、反思、改进，让自己在教育教学方面能够有所成长。

1. 优势

热爱幼教工作，对工作认真负责，能够较快融入集体。在艺术专业方面较突出，能够学以致用。已初步养成在实践中思考的习惯，有一定的反思能力。懂得尊重幼儿，对幼儿有足够的耐心，善于与幼儿沟通。积极尝试新的与家长交流方式，善于和家长交流。

2. 劣势

在教学方面缺乏创新，自己不擅长的领域不敢尝试。希望以后通过校内外的听课、评课、磨课等活动，使自己取得更大的进步。在承担年级组长工作时，我有畏难情绪，不善于主动与领导及老师沟通。当多项工作同一时间涌向我的时候，不能合理地安排工作，没有条理性。

针对以上个人情况，我制定了三年成长规划。

三、总体发展目标

1. 强化职业角色意识

随着教龄的增长，我唯恐教师的职业倦怠会慢慢地影响到我。所以，我常常告诉自己，努力成为一名"乐"教者，记住自己的初心，做到不忘初心，砥砺前行，在教育中体会人生的快乐。

2. 提升专业水平

黄园长在园例会时经常提到，教师的成长总是依靠各种培训，但都忽视了一种最直接的成长途径——阅读。听了这话，我感到有些惭愧。工作初期，我也确实读了一些书，但是后来只限于买书，却很少认真通读。书架上几十本书静静地躺在那里，估计已经落满了灰尘。

（1）学习教育理论，在理性中丰富自我。三年内，我决定要认真地把买过的书通读一遍，从学习中提高自己的业务能力。同时，切实将所学理论与幼儿实际结合起来，不做书呆子式的教师。

（2）悉心钻研教材，做到心中有幼儿，因材施教，教育教学立足于每个幼儿的发展。

（3）平时注重总结教学经验，及时做到教后反思，勤与同事交流，在实践中摸索，教学相长，不断完善自己。重新启用我的博客，认真记录和反思教学过程。

（4）积极进行教学研究，更新教学观念，大胆实践，勇于创新。以音乐游戏活动为突破口，大胆实践新的形式。

（5）做好自己的本职工作——教好书，当好老师。认真研究幼儿的实际情况，成为让幼儿满意的老师。以爱换爱，研究幼儿的心理状态，管好幼儿的常规，组织幼儿参加学校各项集体活动，成为一名合格的老师。

3. 三年目标

力争通过三年的努力，跻身于骨干教师的行列。

四、具体规划

第一年（2017—2018年）

（1）给幼儿做好榜样，真正做到喜欢他们、爱他们，对待幼儿要细心、耐心。

（2）学习美术色彩的搭配和运用，在班级打造会说话的环境。

（3）多聆听园内优秀教师的课，学习他们的优点和课程中的亮点，并更好地运用到自己的教育教学中。

（4）多读书，勤思考，积极参加上级部门组织的征文活动。

（5）积极参与园内的教研活动，做到每一次活动都能够积极发言、认真记录和反思。

（6）认真钻研《3-6岁儿童学习与发展指南》，依据《3-6岁儿童学习与发展指南》开展日常教学活动。

第二年（2018—2019年）

（1）根据第一年各项计划的完成情况，分析自己的不足点，认真制订第二年计划，进一步提升自己的专业能力和教育教学能力。

（2）继续提高自己的阅读量，认真做好备课工作，坚持课后反思，做到反思有效，分析优秀教师的带班和教学策略，提高自身的专业素养。

（3）用教师的爱去接近每一个幼儿，与幼儿心连心地交流，也让幼儿和幼儿心连心。

（5）组织开展幼儿游戏，发现幼儿游戏中的闪光点，并尝试记录。让幼儿们在快乐游戏中学到知识。

（5）提高自身教学能力的同时，提升自己的业务水平和与家长沟通的能力，能合理处理工作中遇到的家园问题，为家园共育积累经验。

（6）依据自身的优势，寻找自己的教学特色，并努力强化，让自己在艺术领域有所突破。

第三年（2019—2020年）

（1）学习关于教育方面的图书，如《你也可以成为故事高手》《第56号教师的奇迹》《非暴力沟通》等，丰富自己的业余生活。

（2）尝试调节自己的情绪，做到不让自己的情绪影响日常的教育教学活动。

（3）和同事友好相处，分享教学中的经验。

（4）有一定的科研能力，向园外的科研骨干教师学习，并接触更多的科研活动。

（5）积极参加教学技能大赛，并努力获得一定的奖项。

（6）主动参与幼儿园的建设任务，为幼儿园的发展添砖加瓦。

（7）继续提升自己的业务能力，成为一名骨干型教师。

五、围绕目标的具体措施

（1）在为人处事方面积极活跃，情绪乐观，兴趣广泛，敢于尝试，愿意与人交往。在与幼儿的交往过程中，能始终以积极乐观的情绪给幼儿良好的影响。

（2）经常和家长沟通，反馈幼儿的在园情况，努力做好本职工作，做幼儿和家长心目中的好老师。

（3）多听课，多和资深教师交流，吸取他人的长处，发挥自己的优势，争取上好每一节课。

（4）不断学习、反思，积累经验，在实践中理解课程理念。多上课、上好课，积极参与课程研讨活动，使自己更快更好地成长。

六、总结

在今后的教学生活中，我会以高标准严格要求自己，不断提高充实自我，踏实勤恳地走好每一步，争取在收获的季节，有着属于自己的丰硕成果！

李晓宇个人三年成长规划

一、个人基本情况

姓　　名：李晓宇	性　　别：女	
出生年月：1983.10.15	专　　业：学前教育	
职　　务：专职教师	职　　称：二级教师	
进入锦幼大家庭时间：2013.02		

二、现状分析

　　眨眼间，我在这个自己曾经憧憬了许久的工作岗位上已经工作了整整十六个年头。当第十六个年头毫无征兆地开启门窗，我再也无法平静地面对一切。这十六年里，于专业来说荒废大于进取，这也迫使我再一次认真地审视自己，反思自己的成长道路。每当夜深人静的时候，我总会问自己想要什么？我的目标在哪里？

1. 优势

　　我有着扎实的专业基础和理论功底，这是我在工作岗位上绽放光彩的基石。多年的幼教学习生涯里，我为自己奠定了良好的专业技能、理论知识和个人能力。我有着较强的适应能力，能较快接受新鲜的事物和思想。面对当今社会迅猛的发展趋势，这是接受层出不穷的新事物的必备能力。曾经琴棋书画样样都行的我，如今对乐器、下棋、绘画、书法、主持、演讲、舞蹈、体育都仍有兴趣。因此，走过学习生涯，走上工作舞台后，这些都成了我的"资本"，让我成为一名发展较为全面的幼儿教师。如今的社会要求幼儿全面发展，作为教师的我们，自身的全面发展也是非常必要的。

2. 劣势

我的情绪波动比较大，做事容易冲动，时常会因为不良情绪而影响工作的成效。我想，这是一个不太乐观的习惯。人生不如意十有八九，若将不如意带入工作，那么辐射的范围将扩大很多，由一个人涉及几十个人，而且自己也会因为工作步伐的紊乱导致疲倦不堪，这是一个恶性循环。

另外，我有点自命清高，总是会将以前的成功习惯带到现在，总以为自己站在高处。这导致的直接后果是我很自我，不虚心听教。殊不知，我不及别人的太多！论学历，虽然现已有本科学历，但是非全日制本科毕业。面对现在很多的全日制本科生幼师，我觉得自己还有很多需要向他们学习的东西，例如学习习惯、理论功底、自身修养等。论经验，我尚且年轻，身边有很多几十年教龄的资深教师，他们身上拥有"淡淡的幽香"。这香味源于对幼儿年龄段特征的正确把握，源于对教学经验的沉淀，更是源于对班级管理得井井有条，我要学习的还有很多很多。

我的坏习惯是懒惰、拖沓，这也是我现阶段最为致命的弱点。也不知道从什么时候起，我可以把准备工作拖拉到比赛的最后一天，可以把教学准备推迟到上课前的最后一刻，把所有的工作堆积到最后一天完成。也许只是钻了那个"应付的了"的空子，但是"勤能补拙""书山有路勤为径"等都时时告诫我们：成功源于勤奋！

优秀的人很多，而机会不一定是均等的，这不单单是知识的比拼，更是对个人发现机会、展示自己、把握机会能力的考验。唯有在付出很多努力之后，才可能换来一次机会。这时候，我们需要的是接受挑战的勇气。未来的道路还很漫长，我想我会有很多次机会去锻炼、去成长。我只想抓住每一次机会，让自己蜕变，最终逐步走向成功。

就目前个人情况分析来看，如果我能够发挥自己的优点，利用空余时间，通过专业理论的学习，有针对性地在专业知识和实践能力方面做出努力，提升自我修养，自身的弱点一定会有所改变。而在客观条件方面，幼儿园有着强大的团队，给了我很多的成长和锻炼空间。我相信，通过不断审视自己的优缺点，自己一定会有所收获。下一阶段的任务是，针对自己的分析，有目标性地制定改进策略、近期目标，并反复实践。

三、总体发展目标

树立终身学习的观念，抓紧分分秒秒学习充电，使学习成为自己的一种内需。通过学习提升师德修养，丰富知识结构，增强理论底蕴和专业素养。在工作中，积极投身教育科研的改革与实践；在实践中，不断探求、感悟、反思，时刻提醒自己，使自己逐步成为研究型、开拓型、全能型的教师。

四、具体规划

第一年（2017—2018年）

（1）将在本科学习中学习到的知识技能运用到实际教学生活中，使自己的总体素质有所提高，争取成为全方位的优秀教师。

（2）多看理论书籍，多学习理论知识，要学以致用，积极撰写论文、案例、反思，争取在园、区等地发表和获奖。

第二年（2018—2019年）

（1）积极参与课题研究，争取研究出成果，提高自己的科研能力。

（2）加强师德修养，争取做一名幼儿喜爱、家长满意的教师。

（3）继续提高自己的教学能力。

第三年（2019—2020年）

（1）深入学习和领会学前教育理念，不断拓宽和更新教学方法和手段，由教学模式化向教学个性化转变。

（2）力求使自己的综合素质更全面、更广泛、更实际，促使自己向一专多能、研究型方向发展。

五、围绕目标的具体实施方案

（1）积极参加教育部门组织的继续教育学习和培训，用自学的形式完成有关教育理论方面的学习，多读理论书籍，保证每天有半小时的读书时间，并做好读书笔记。

（2）努力撰写教科研论文，争取获奖和发表，积极参加各种教研活动和课题研究，在活动中提升自己。

（3）提高自己的教学水平，不断反思自己的教学行为，并及时记录自己的反思、体会。多观摩优秀案例活动，多学习教育理论，改进自己的教学方式，提高自己的教研能力。

（4）参加高学历进修，不断提高自身素质。

（5）认真学习制作课件，进一步提高自身的信息素养，加强自己的教学水平。

六、总结

通向未来的路不是回家的路，过去赢得成功的方程式，也许将为明天带来失败。我相信，自己有能力经受住"极限"的考验，能在超越自我的同时逐步实现人生的价值。

王敏个人三年成长规划

一、个人基本情况

姓　名：王敏	性　别：女	
出生年月：1988.07.11	专　业：英语	
职　务：专职教师	职　称：二级教师	
进入锦幼大家庭时间：2014.08		

二、现状分析

时光荏苒，2014年我来到锦苑实验幼儿园，转眼在幼儿园工作将近五年了。在教学工作上，我能有针对性地备课、备教材、备幼儿，并做好活动反思。可以说，我基本上成为一名合格的幼儿教师，但是离真正优秀的幼儿教师这一职业目标还有一定距离。比如在集体活动中，怎样培养幼儿的兴趣、怎样发展幼儿的创造性思维等，还有待我去学习。目前，我在小（三）班担任专职教师工作，和范老师、缪老师配合默契，但在班级发生突发事件时，我有时不能及时采取有效的方法解决问题，单独带班的能力仍需提高。为了缩短与优秀教师的差距，也为了让自己有一个奋斗的方向，制订一份个人三年成长规划是很有必要的。

1. 优势

热爱幼教工作，态度端正，对工作认真负责，不计较个人得失。有英语方面的特长，能够学以致用。有好学精神，敢于接受新事物的挑战。三年的教学工作经验，让我对教育幼儿有了一定的经验和心得，在面对幼儿的时候少了一份刚踏上工作岗位时的担心和无措。

2. 劣势

因非学前教育专业毕业，个人的基本功还要不断发展与提高。课堂教学中的技能技巧，如提问技巧、评价性语言、教育机智等还需进一步加强和提升。教学研究能力较薄弱，独自带班时缺乏有效的班级管理办法。此外，由于性格使然，在与家长沟通交流方面主动性不够，这方面我需要向有经验的教师多学习。

三、总体发展目标

（1）在工作中，提高自己的耐心、细心；在教学中，能够用运用生动、流畅的语言，提高自己的表达能力和组织管理能力。

（2）能够加深对幼儿园课程的理解，正确把握每节课的重难点。多上课、上好课，成为一名优秀的幼儿教师。

（3）虚心向资深教师学习，精心做好工作，和配班教师共同管理好班级，发挥自班的特色，培养幼儿的良好常规。

四、具体规划

第一年（2017—2018年）：明确自我发展目标，实现角色转变

（1）加强理论学习。多阅读与幼儿教育相关的杂志和书籍，如《幼儿问题行为的识别与应对》《幼儿教师与家长沟通之道》《打造幼儿园魅力班级的策略》《幼儿教师临场应变技巧》等书籍，每天至少抽半小时的时间丰富自身的理论水平，并尝试写一些论文参加征文活动。

（2）听优质课是教师最快的提升途径。多听优质课，学习他人的教学长处。

（3）把握课堂实践机会。课堂是教师实践最好的舞台，应认认真真上好每一节课，同时也要把握每一次公开课和展示课的机会，在教学实践中努力形成自己的教学风格。

（4）经常反思。教学反思是"教师专业发展和自我成长的核心因素"，坚持反思可以总结实践、升华经验，也可以发现自身的不足，渴求新知。

（5）虚心向资深教师请教。经常与经验丰富的教师交流、沟通，学习组织幼儿及与家长沟通的有效方法。

第二年（2018—2019年）：加强教育教学技能水平，提高班级管理能力

（1）在教育技能基本熟练的基础上，积极参与班级管理和幼儿园管理工作，提高管理能力。

（2）必须树立终身学习的理念并付诸行动。

（3）积极动脑动笔，坚持把教学中的得与失写下来，坚持写教学案例、教育叙事、教育随笔、教学反思及生成活动教学方案等。

（4）掌握寓教育于游戏的原则，因材施教，引导幼儿主动地学习。

（5）具备指导家长提高科学育儿水平的能力，根据个别幼儿的实际情况制定对策。注重个体差异，制定满足不同发展水平幼儿的教育方案。

（6）在教学中有自己的创意，寻求自己的教学特色。

（7）在本年度努力提高演唱、绘画、舞蹈等专业水平，遇到困难的地方虚心向有经验的教师学习。

第三年（2019—2020年）：教学相长，教研并进，形成自我教学特色

（1）有基本熟练的教育教学技能，有一定的教学经验和反思能力，并能在反思的过程中不断调整自己的教学行为，初步形成自己的教育教学特色。

（2）通过各种信息传播手段，广泛获取现代教育教学信息和教育教学改革经验，进一步加强教育理论学习，为成为研究型教师打下基础。

（3）观摩优秀教师的教学活动，进行教学反思，具备一定的教育研究能力。

（4）积极参加各种专业技能大比拼、优质课评比，发表论文，提升自己的专业能力水平。

五、围绕目标的具体实施方案

（1）主动与家长沟通，善于与幼儿交往，及时向家长反馈幼儿的在园情况，努力做好本职工作，做幼儿和家长心目中的好老师。

（2）多观摩优秀及骨干教师的教学活动，吸取他人的长处，发挥自己的优

势，认真备好每一节课、上好每一节课，坚持课后反思。

（3）加强理论学习，树立学习榜样，勤于实践锻炼，努力做到"慎独"，树立终身教育理念，不断提高自身教育教学能力，努力使自己的教学质量达到优良的水平。

（4）坚持课外阅读，多熟悉一些办公软件，尝试做一些微课、课件，全面提高自己的信息化技术水平。

六、总结

以上是我制定的个人三年职业发展规划。希望在接下来的三年里，经过自己的不懈努力，能有所收获，让自己更快地成长起来，成为一名优秀的幼儿教师，在平凡的岗位上创造出不平凡的成绩。

于雯琪个人三年成长规划

一、个人基本情况

姓　　名：于雯琪	性　　别：女	
出生年月：1992.2.2	专　　业：小学音乐教育	
职　　务：专职教师	职　　称：二级教师	
进入锦幼大家庭时间：2013.08		

二、现状分析

我从事幼教事业已有八年，从忙乱到适应，从紧张到淡定，慢慢学到了很多东西。从试教到正式上课，再到资深教师的点评，我了解了自己的不足之处，也找到了自己的目标。我认为，新时期的教师应该具有较高的师德、广博的知识、精湛的教艺、健康的心理、强健的体魄。为了今后更好地工作，并在学习工作中得到成长，我对个人的成长进行了有条理的规划，制订出个人成长规划。在规划实施中，不断修正自己、完善自己，不断提高自己的教学能力和水平。

1. 优势

工作踏实，热爱教育事业，热爱幼儿，能够积极完成学校领导布置的各项任务。与同事关系融洽，乐于助人，善于接受别人的意见，虚心向他人学习。有一定的教学经验和理论知识，积极参加各类教研活动和继续教育活动。

2. 劣势

课题研究和论文写作能力有待提高，教科研水平还停留在感性经验的层面。

三、总体发展目标

（1）教育理念得到更新，能够以发展的眼光来看待幼儿与教学，具有一定的创新精神及教研意识。

（2）学习现代教育理论，钻研新教材，掌握基本的教学规律，努力提升专业素养和教育教学能力。

（3）通过学习与研究，使自己成为一名爱岗敬业、为人师表、教书育人、与时俱进的新型教师。

四、具体规划

1. 师德方面

作为一名幼儿教师，坚决贯彻执行党的教育方针和政策，做到既教书又育人。严格遵守教育法规、师德规范对教师的要求，遵守学校规章制度，规范自己的言行，不断提高自身的师德素养。

2. 专业知识学习

（1）认真制订三年读书计划，并严格按要求执行。每学期完成一本教育专著的阅读，三年至少阅读六本，并撰写读书笔记或读书心得。

（2）积极参加各级各类教研观摩活动，虚心向他人学习，多和他人沟通交流，不断充实自己。

（3）积极撰写教后感和教学反思，利用各种场合和形式，积极与同行交流沟通。

（4）积极参加教育部门举办的各项培训活动，认真参加学校组织的校本培训，努力争取机会走出去学习。利用课余时间，学习新课程改革的相关知识，并在教育教学实践中不断提高自己的教育教学水平。

第一年（2017—2018年）

（1）认真学习专业理论，广泛阅读教育类书籍充实自己，如《读幼儿教师的一把钥匙》《儿童学习与发展指南》《幼儿园教育指导纲要》等。

（2）教育教学方面不断提升，组织好每一次集体教学活动。

（3）借助网络，了解学科的发展动向和最新的研究成果，并建立自己的博客园地。

（4）充分利用课余时间，坚持每天学习一小时。

（5）学习计算机操作知识，提高多媒体课件制作水平，把现代化教学手段应用于自己的课堂中。

第二年（2018—2019年）

（1）在反思中成长。勤于反思，勤于实践，在总结经验中完善自我，做到每月有反思。

（2）在教学中反思。在教学过程中，时刻做到三个反思。从幼儿的能力着手，拓展教学内容，优化教学过程，在教学中反思，在行动中反思，培养反思和自我监控的习惯。教学后反思，随时审视，随时修正，形成自己的教学个性。通过反思，不断更新教学观念，改善教学行为，提升教学水平，同时形成对教学现象、教学问题的独立思考和创造性见解。

第三年（2019—2020年）

通过学习、反思、实践，把学到的东西运用到教学中，不断提高自己的教育教学能力。总结教学工作，发现工作中的不足，加以调整和整合，使教学充满激情，让活动更有效，让幼儿学得开心，生活快乐。

五、总结

幼儿教师的工作是琐碎的，但是幼教工作无小事，我们要具备敏锐的观察力，注意观察幼儿的言行、举止、神态，并且永远要用一颗童心去感受幼儿心灵的深处。在尊重、理解幼儿的同时，怀着一颗真诚的心与每一位幼儿平等交流，获得幼儿的信赖与爱戴。

薛莹莹个人三年职业规划

一、个人基本情况

<table>
<tr><td>姓　　名：薛莹莹</td><td>性　　别：女</td><td rowspan="3"></td></tr>
<tr><td>出生年月：1991.07.03</td><td>专　　业：音乐教育</td></tr>
<tr><td>职　　务：专职教师</td><td>职　　称：二级教师</td></tr>
<tr><td colspan="2">进入锦幼大家庭时间：2013.08</td></tr>
</table>

二、现状分析

　　我进入锦幼工作已经有六个年头了。虽然我不是幼教专业毕业，刚步入幼教行业时也会不知所措，但我一直热爱自己的工作，认真完成每个活动和任务。在与家长相处的过程中，也更用心、更严谨。通过不断的学习、反思，请教资深教师，让自己在教学和家长工作方面有所成长。现在我也是环境布置组的一员，由于比较喜欢美术和手工，每次园内、班级内的环境创设，我总能提出好方法，并积极做好自己的工作。

　　1. 优势

　　对待工作认真负责，积极完成每项活动，遇到困难能主动请教有经验的教师。在音乐方面有一定的功底，在环境创设方面有独特的见解并认真实施。虽不是幼教专业毕业，但遇事认真，并能学以致用，课堂教学机智也有所提升。

　　2. 劣势

　　在教学方面，我还有很多不足。由于缺乏深层次的幼教知识，我对自己的教育行为不够自信。与家长相处方面还需要多运用一些技巧，语言交流要更加严谨。虽是音乐专业，但在音乐领域还需多研究、多学习，争取把音乐活动组织得更好。

三、总体发展目标

（1）能始终保持对工作的热情，处理好与家长之间的关系。

（2）对待幼儿多些耐心，提升管理班级的能力，提高幼儿的规则意识，培养幼儿良好的学习习惯。

（3）提升音乐教学活动的质量，多上课、多磨课，善于学习，并学以致用。虚心向资深教师请教，和同班教师共同做好班级常规工作。

（4）做好班级特色环境创设工作，配合组长做好园内的环境布置，创设会说话的环境。

四、具体规划

第一年（2017—2018年）

目标：

（1）认真备课，及时反思，把教学能力的提高落实在每一天的教学活动中。

（2）利用课余时间多请教电脑高手，提高自身的计算机水平，能制作精良的教学课件。

（3）严格要求自己，时刻保持积极向上的心态，善于发现工作中的快乐。

（4）多问、多听、多看，多向同事请教，细心、耐心地引导幼儿养成良好的行为习惯，性格不急躁。

措施：

我已经进入幼儿园五年多，时间久了可能会有些懈怠。在接下来的日子里，我将重拾热情，不断注入新鲜血液，在工作中寻找乐趣。平时认真备课，上好每节课，跟同事学做好看、实用的课件，少发脾气，多些耐心，聆听幼儿心里的声音。

第二年（2018—2019年）

目标：

（1）术业有专攻，多学习研究音乐方面的知识，提高自身的音乐水平，把音乐活动和园本课程相结合，尝试特色化教学。

（2）多读书，多写心得，尝试写论文，积极参与征文等活动，在写作中成长。

（3）能有更多的新方法与大家一起商讨、一起研究，争取在教学方面有更大的进步，做一名真正有想法、独立思考的幼教人。

措施：

虽然我的专业学习是音乐，但很少上音乐方面的课程。这一年，我将多充实自己音乐方面的知识，做到严谨地进行音乐活动。之前在论文方面还是比较害怕，总觉得自己会写错，不知从何下手。接下来我会多看书，多欣赏别人获奖的论文，然后慢慢尝试写作。在年级组教研时，多听别人的长处，把自己的想法分享给同事，共同探讨学习。

第三年（2019—2020年）

目标：

（1）争取外出学习的机会，看看外面的教育教学形式及方法，不断学习，提升自身素养。

（2）加强音乐理论知识的学习，提高弹唱能力，更加得心应手地进行音乐教学活动。

（3）锻炼自己的口语表达能力、课堂教学机智及反应能力，做到沉着应对课堂突发状况，有较强的组织管理能力。

（4）总结以往的教学经验，有自己的教育风格，提升对幼儿的观察力和理解力，加强日常活动中对幼儿的反思，并观察记录，培养教育的敏感性。

措施：

多尝试音乐活动教学，从中摸索，听取别人的建议，改进自己的不足，让自己的音乐活动课上得更好，更有特色。在课堂设计方面，我要总结经验，多听优质课，从中学习好的课堂机制，把别人的变成自己的，并从中受益。

五、教育座右铭

唯有踏实进取，才可沉淀成绩，丰富积累，不断进步。

六、总结

　　教育不仅是一份拿着工资的工作，更是一项事业。既然身在其中，就不能碌碌无为、平庸一生。五年前，我是一个上课时遇到一丁点问题都会脸红心跳、下课时遇到困难不知所措的新教师；现如今，我是一个上课时遇到问题可以坦然应对、下课时遇到困难可以虚心求教的年轻教师。相信未来的三年里，我一定能让自己化茧成蝶，变得更好，发展得更全面，时刻不忘学习、请教和反思，真正发生质的改变。

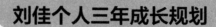

刘佳个人三年成长规划

一、个人基本情况

姓　　名：刘佳	性　　别：女	
出生年月：1991.10.01	专　　业：学前教育	
职　　务：专职教师	职　　称：二级教师	
进入锦幼大家庭时间：2015.11		

二、现状分析及基本情况

2015年11月，我来到了锦苑实验幼儿园。对于这份工作，我深切地感受到幼儿教育工作的繁重和辛苦，更让我深切地意识到幼儿园工作小中见大的特殊性和重要性。幼儿纯洁、善良、真诚，虽然我是他们的老师，但是从他们身上可以感受到一种独特的气息，那是在其他任何地方都感受不到的。在这两年的教育教学活动中，我有了一定的成长。我相信，我会用自己的热情去爱幼儿，会用自己的勤奋在今后的工作学习中弥补不足，也会不断追求并完善自己，让自己逐步成为一名合格的、优秀的幼儿园教师！

1. 优势

热爱幼教工作，对工作认真负责，能够较快融入集体。心思细腻，拥有一颗敢于克服困难的心，具有认真分析问题及冷静处理问题的能力。

2. 劣势

（1）教育教学的理念虽有了转变，但对问题反思和重构的能力还需要加强。

（2）教学的效果还没有明显地凸显出来。

（3）在教育教学过程中，距离"关注每一位幼儿的发展"这一要求还存在差距。

（4）对于上级下达的每一项工作，我都作为一项任务去认真完成，而很少考虑为什么要这样做、怎样做更有效，也不善于主动发现问题、解决问题。

三、总体发展目标

（1）提高自己的普通话水平，做到口齿清楚地教学。

（2）认真把握每节课的教育目标、重难点，上好每一节课。在这个过程中，加深对幼儿园课程的理解。

（3）和搭班老师共同合作，提高班级管理的能力。懂得看到别人的闪光点，虚心学习，不断进步。

（4）关注每一位幼儿，在班级打造会说话的环境。

四、具体规划

第一年（2017—2018年）

（1）言传身教，加强对班级的常规管理，并细心、耐心地关爱每一位幼儿。

（2）努力研习薄弱方面——音乐，提高自信心。

（3）汲取优秀教师上课的优点，弥补自身不足。

（4）对于园内的教研活动，要积极参加，使每一次教研活动都能落到实处。

第二年（2018—2019年）

（1）用爱感染幼儿，让幼儿把教师当作朋友，做到与教师、与幼儿心连心，打造一个有爱的集体。

（2）克服自己懒惰的毛病，积极参加活动或比赛，在此过程中提升自己。

（3）精确把握每一节课，让幼儿真正地感受到快乐，学到本领。

（4）认真组织幼儿开展游戏，并做好游戏记录。

第三年（2019—2020年）

（1）"活到老，学到老。"精力充沛地学习更多知识。

（2）能够跟上时代的潮流，加强学习，调整自己的教学方法，做一个有创新意识的人。

（3）在教学方面，做到和大家一起研究和商讨，发挥更大作用。

（4）全面提高自己的信息技术水平。

五、具体措施

（1）做一个乐观开朗、情绪饱满的教师，潜移默化地传递给幼儿产生积极的影响。

（2）及时向家长反映幼儿的在园情况，加强家长对幼儿情况的了解，并提出相关的意见和建议，让家长放心、安心，从而认可自己的工作。

（3）抓住每个听课的机会，取长补短，做到在行动中学习，在研究中提高。

（4）认真做好课前准备，上好每一节课，并及时进行反思与整理，从而做到在实践中积累经验。

（5）努力提高自身的教育理论水平，如自学、参加各种教研活动和相关培训等。同时，不断学习多媒体技术，为日常教育提供很好的辅助手段。

（6）通过查阅与幼儿相关的心理方面的书籍，更深入地了解幼儿的心理，寻找更准确、有效的教育方法。

六、总结

希望我的规划能够实现，虽然说起来容易做起来难，但是我相信，只要努力就一定会取得成绩。理想的实现要依靠自己的不懈追求，不管理想有多美好，如果不付出辛勤的汗水，也是不可能实现的。未来很美，只要肯播种，辛勤耕耘，就一定会结出累累硕果。

孙小燕个人三年成长规划

一、个人基本情况

姓　　名：孙小燕	性　　别：女
出生年月：1985年9月	专　　业：学前教育
职　　务：专职教师	职　　称：三级教师
进入锦幼大家庭时间：2014.08	

二、现状分析

2014年，带着对美好生活的向往和对这份工作的热情，我来到了锦苑实验幼儿园沈巷分园。

在这几年的教育教学活动中，我也有了一定的经验和心得，面对幼儿的时候，少了一份刚踏上工作岗位时的担心和无措，多了一份应对突发情况的从容。在园领导的带领下，我不断努力，在思想上和工作上取得了一定的进步。在今后的工作中，我会用我的勤奋弥补我的不足，让自己逐步成为一名优秀的幼儿教师。

1. 优势

在工作中，我善于反思总结，不断提升自己的专业素养。园领导和经验丰富的教师在工作和生活中时常为我解惑，这让我获得了很大的提升空间。在家长工作方面，我积累了一定的经验，能及时与家长沟通，和家长相处比较融洽，可以通过家园共育促进幼儿健康成长。

2. 劣势

我在绘画技能和计算机应用技能方面能力较弱，随着教学工作的深入开展，我必须加强基本功的训练。我相信勤能补拙，有信心在不久的将来取得显著的进步。

三、总体发展目标

1. 建立正确的行为规范，树立良好的师德形象

（1）加强学习，依法执教。

（2）爱岗敬业，教书育人。

（3）廉洁从教，自觉抵制收受礼品等不正之风。

2. 提高自己的专业素养

俗话说："活到老，学到老。"社会发展日新月异，国家对幼儿教育越来越重视。作为幼儿教师，必须做个有心人，进一步强化专业知识，学习先进的教育教学理论，转变教育教学观念，用先进的理论充实自己、提高自己。

3. 家园共育促进幼儿健康成长

及时了解幼儿的心理，关注幼儿的发展，及时与家长沟通，促进家园合作。用爱心、耐心和责任心对待每一位幼儿，让每位幼儿都感受到教师的关爱。

4. 创设一个有准备的环境

努力为幼儿创设一个宽松的、和谐的、安全的、自由的环境，让幼儿在这样的环境中自由自在地生活、游戏、学习、发展。

四、具体规划

第一年（2017—2018年）

（1）幼儿安全教育不容忽视，时刻关注幼儿安全。

（2）常规教育不容懈怠，加强幼儿的常规教育。

（3）开展幼儿自理能力小比拼，如"幼儿冷暖自知""合理穿脱衣服"等。

（4）重视幼儿的语言表达能力，会说完整的话、讲故事等。

（5）做好幼小衔接工作，为幼儿进入小学提前做好准备。

（6）做好大班毕业季的准备工作。

（7）做好家园共育工作，及时了解幼儿的在家情况，同时向家长反映幼儿在园的情况。

（8）加强自身美术、计算机课程的学习。

（9）多观摩园内外优秀教师组织的集体教学活动，汲取他们的优点，弥补自身的不足。

（10）积极参与园内的教研活动，发现自身的不足。

（11）认真完成专科升本科的学习，撰写毕业论文。

第二年（2018—2019年）

（1）与新生家长建立信任，经常与家长沟通，反馈幼儿的在园情况，努力做好本职工作，做幼儿和家长心目中的好老师。

（2）用爱心、耐心、责任心对待每一个幼儿，与幼儿心连心地交流，也让幼儿与幼儿心连心。

（3）让幼儿尽快适应幼儿园的集体生活。

（4）初步让幼儿养成倾听、阅读的习惯，能做到睡前听15—20分钟的故事或者亲子阅读。

（5）加强班级常规训练，培养幼儿的基本生活自理能力，如穿裤子、鞋子等。

（6）初步让幼儿在活动中学说完整的话，能清晰地表达自己的想法。

（7）初步了解基本的生活常识，远离危险，懂得保护自己。

（8）创设良好的环境，上好每一节课，让幼儿在快乐中成长。

（9）业余时间加强绘画技能的学习，做好教育教学活动的学习与总结。

（10）做好课前准备，认真备课，课后及时总结反思。

（11）多读书、多学习，不断提高自身的业务水平，并在一定的基础上尝试写论文参加征文活动。

第三年（2019—2020年）

（1）丰富幼儿的一日生活，做个有心人，时刻关注幼儿的成长。

（2）家园合作，利用家访、电话、QQ等方式与家长及时沟通。

（3）提高幼儿的动手能力、生活自理能力，如学会穿上衣外套、拉拉链等，能清楚地分辨鞋子的正反。

（4）加强常规教育、安全教育和卫生教育。

（5）让幼儿养成良好的倾听、阅读、卫生、进餐等习惯。

（6）创设科学的区角环境，满足幼儿自主探索学习的需要，促进幼儿生活经验的提升。

（7）为申请二级教师职称做准备。

（8）利用业余时间多阅读育儿方面的书籍，认真学习《幼儿园教育指导纲要》和《3-6岁儿童学习与发展指南》。

（9）积极参加园内外各项活动，在活动中锻炼自己，加强基本功训练，完善自我。

（10）用心参与幼儿园建设并建言献策。

五、总结

社会在发展，时代在前进，作为一名幼儿教师，只有不断学习、刻苦钻研，提高自己的专业技能，才能胜任这份工作，从而成为一名合格的幼儿教师。

汤佳佳个人三年成长规划

一、个人基本情况

姓　　名：汤佳佳	性　　别：女	
出生年月：1990.04.04	专　　业：学前教育	
职　　务：专职教师	职　　称：三级教师	
进入锦幼大家庭时间：2014.08		

二、个人现状分析

　　我毕业于马鞍山师范学校，原专业并不是学前教育，在机缘巧合下，我进入了芜湖市锦苑实验幼儿园沈巷分园这个大家庭，成为一名幼儿教师。如今，我在锦幼这个大家庭里工作已有五个年头了。在这四年里，我从刚开始对幼儿园工作知之甚少，到现在能独自带起一个班，进步还是很大的。当然，面临的挑战也很大。作为一个非幼教专业出身的人，无论是理论知识还是幼师基本技能，我要学习的东西都太多太多。为了让自己在成长的路上有一个明确的方向，我为自己制定了一个三年职业规划，希望能够督促自己继续奋斗。

1. 优势

　　幼儿园环境很舒适，同事之间关系也很融洽，若在工作中遇到一些难题，同事们都会相互帮忙。对于这份工作，我充满热情。我爱幼儿，幼儿是阳光的象征，他们纯洁、善良、真诚，我从他们身上可以感受到一种独特的气息，那是在其他任何地方都感受不到的。通过不断学习，向别的教师讨教经验，现在的我对于如何管理好班级已经有了一定的经验，在与家长交流方面也摸索了一些有效的处理问题的方法。

2. 劣势

《幼儿园教育指导纲要》和《儿童学习与发展指南》的一些精神我还不能完全理解、吸收，专业技能也比较薄弱，特别是弹唱方面，这些难题都需要我努力去一一攻克。但是我有自信让自己在学习中成长、在工作中成熟，我相信勤一定能补拙！

三、总体发展目标

教师的专业发展目标最终是促进幼儿的发展，教师必须做个有心人，根据幼儿教育的发展，根据社会对幼儿教师的要求，不断地完善自己。现在的幼儿会提出各种奇奇怪怪的问题，有时候教师也不一定能解决。所以我想在今后的三年中进一步强化专业意识，学习先进的教育教学理论，转变教育教学观念，准确定位自己，用先进的理论充实自己、武装自己、提高自己。学习身边教师的宝贵经验，提高教学水平，使自己的课堂变得生动有趣，在教学上形成自己独特的风格和特色。通过这三年的磨炼，让自己能够积累一定的经验，成为一名骨干型教师。

四、具体规划

第一年（2017—2018年）

（1）明确自我发展目标，实现角色转变。

（2）学习多媒体课件的制作和使用，使自己的教学多元化、丰富化。做好自己的本职工作，贯彻《幼儿园教育指导纲要》精神，尽可能创造条件，让幼儿通过直接体验来学习。

（3）在配班老师的帮助下，积极开展班级工作，主动承担园内公开活动，并认真反思，及时找出自己的不足。

（4）利用业余时间学习舞蹈、钢琴等比较薄弱的项目，提高自己的专业技能。

（5）加强对《3-6岁儿童学习与发展指南》《幼儿园教育指导纲要》的学

习，理解《幼儿园教育指导纲要》和《3~6岁儿童学习与发展指南》的精神，并以此为指导进行日常教育教学活动。

（6）利用寒暑假参加成人教育，学习学前教育专业的相关知识，用理论武装自己。

第二年（2018—2019年）

（1）加强教育技能培养，提高管理能力，强化自我修炼。

（2）独立担任班主任工作，保教结合，做好班级环境布置工作。

（3）多看些幼儿报刊中的幼儿案例、幼儿个案分析等，多观察身边的幼儿，多动笔，把他们的生活记录下来。

（4）主题教学班本化课程逐步成熟，争取在一学期的公开课上有好的表现。

（5）积极组织家长活动，遇事多为家长考虑，及时帮助家长排忧解难，做家长教育上的好导师、生活中的好朋友。

（6）积极参与园内的各种评优活动，并力争获奖。

第三年（2019—2020年）

（1）主题教学活动从经验性认识转化到理论性认识，争取将自己在教育科研中积累的经验不断提炼，完成有质量的教学论文。

（2）积极参加各种教科研活动。

（3）在生活中寻找素材，组织教学，把生活、运动、游戏、学习活动融为一体，争取在区级范围内展示活动，逐步形成自己的教学特色，成为园级骨干教师。

（4）根据课程指南和本班实际，对活动的可能方向、所需环境、资源和材料做切实可行的预设，把握好"预设"与幼儿自主"生成"之间的关系。

（5）不再仅仅依靠各类参考资料，需要拥有几项熟练的教育教学技能，有一定的教学经验和反思能力。

（6）时刻关注教育界的最新动向，进一步加强教育理论学习。

五、总结

教育是事业，事业的意义在于献身；教育是科学，科学的价值在于求真；

教育是艺术，艺术的生命在于创新。在以后的工作中，我会多听资深教师的课，多听优质课，不断提高教育教学能力，努力使自己的教学质量达到优良水平。认真备课，努力上好每一节课，慢慢改进自己的教学风格，一步一个脚印，与幼儿一起成长，与锦幼一起发展。

钱跃个人三年成长规划

一、个人基本情况

姓　　名：钱跃	性　　别：男	
出生年月：1995.11.16	专　　业：学前教育	
职　　务：专职教师	职　　称：二级教师	
进入锦幼大家庭时间：2017.09		

二、现状分析

2017年7月，我毕业于华东师范大学，同年9月走上幼儿教师岗位。从学生变为老师，再次走进校园已为人师表，面对着一群天真可爱的幼儿，我感觉责任重大，挑战很多。作为新任教师，我要学的东西太多太多，一次次突如其来的考验总会让我措手不及。我知道，要想成为一名优秀的幼儿教师，一定要不断发展、不断进步。为此，我为自己设计了三年职业规划作为未来发展的指导目标。

1. 优势

幼儿园的工作氛围良好，陪伴幼儿成长意义非凡，幼教工作也是我所热爱的工作。对待工作，我能做到态度端正、认真负责、乐于学习、喜于探索、勤于反思。除此之外，年轻是我的资本，只要我在接下来的日子里努力、虚心地向经验丰富的教师学习，相信自己会有进步。幼儿园里的同事都很热心，而且经验丰富，热爱幼儿和幼教工作，是我学习的榜样。我在大学的好友也有很多人走上了幼教的道路，我可以随时和他们交流教学经验和体会，在相互交流中学习进步。

2. 劣势

我对幼儿教学经验比较缺乏，如提问技巧、过渡语言、评价语言、应变力等还需要好好加强训练，个人的基本功也要不断发展与提高，教学研究能力也较薄弱，独自带班时缺乏有效的班级管理办法。

三、总体发展目标

1. 不断提高自身的教学专业性

社会在进步，知识发展日新月异，作为新时代的幼儿教师，我也要随时提升自己。一方面，我要认真研读有关幼儿教育的各种书籍、杂志；另一方面，要通过互联网了解教育前沿知识，与同事积极交流。通过不断研读新的知识，并在教学实践中不断积累教学经验，才能一步步提升自己的专业水平，更好地服务于幼儿教育事业。

2. 提高个人思想境界和师德修养

（1）遵守教育相关的法律法规及幼儿园的各项规章制度，积极工作、刻苦钻研，为教育事业发挥个人最大的努力。

（2）教书育人、为人师表，首先要加强自身道德修养，为幼儿做表率。

（3）树立正确的人生观、教育观、幼儿观。

3. 提高自己的教育教学技能

作为一名幼儿教师，我们不仅仅需要具备良好的思想道德修养和专业知识，而且还需要拥有过硬的教育教学技能，这样才能带好幼儿的一日生活。所以，我必须在教育教学实践中不断加强幼儿教师基本功的训练，注重教学技能技巧的提高。

4. 用心育人，服务人民

我将深入学习《3-6岁儿童学习与发展指南》的具体要求和规定，认真贯彻落实幼儿园进行的各项活动。幼儿的一日生活都是教育，游戏是幼儿主要的活动。我将努力践行"在玩中学"的教育理念，使幼儿在愉快的氛围中掌握更多的知识，帮助他们更好地融入未来的人生道路之中。在家长工作方面，我定期了解家长的需求，并通过学习为家长提供一些育儿经验，面向全体家长做好家园共育，积极做好家长各方面的工作，让幼儿开心，让家长放心。

四、具体规划

第一年（2017—2018年）

（1）明确作为幼儿教师的基本要求和发展方向，树立正确的价值观和责任意识。同时尽快适应工作环境，实现从学生到教师的角色转变。

（2）主动向资深教师及同行学习，在实践中提高自己的教学能力。

（3）在资深老师的指导下，熟悉和努力掌握组织幼儿一日生活及各种教学活动的业务技能，踏踏实实地做好本职工作，认真备课，努力创新，寻找自己的教学风格。

（4）通过网络学习或资料阅读的方式，分析专家教师的教学方法和技巧，并在实践中尝试使用这些技巧，使自己的教学反思能力和分析能力不断提高。

（5）深入学习《3-6岁儿童学习与发展指南》和《幼儿园教育指导纲要》，吃准、吃透《幼儿园教育指导纲要》和《3-6岁儿童学习与发展指南》的精神。以《3-6岁儿童学习与发展指南》为指导，以《幼儿园教育指导纲要》为准则，进行教学活动。

（6）通过家访、电话访问和幼儿成长记录本等方式，做好家园互动的工作。利用晨间接待和离园时间积极与家长沟通交流，掌握与家长沟通的有效方法。

（7）认真观察幼儿及班级实际情况，做好观察记录，学会反思教学，做到活动后有反思。

（8）认真参加每一次的教研活动和各种学习活动，认真思考并做好笔记，虚心学习。

（9）工作中不断阅读有关教学理论的书籍，提高自己，做到多听、多看、多写，扩大自己的知识面，从而使理论服务于实践，提高自己的教学基本功。

（10）在业余时间提高教学技能，比如学习画画、弹琴等，认认真真上好每一节课。

（11）了解保育员的主要工作内容及技能，虚心向有经验的保育老师学习。通过亲身实践提高自身保育的知识和能力，并请保育老师指导自己的保育工作，更好地为幼儿的一日生活提供帮助。

（12）学习媒体编辑和视频剪辑的软件，提高PPT的制作水平和WORD的使用能力。

（13）与主班教师一起做好班级博客的更新任务，基本保证每天一篇班级博客。

（14）坚持执行上述计划，不断提升自我，并时刻进行自我监督，让自己尽快成为一名合格的幼儿教师。

第二年（2018—2019年）

（1）总结第一年各项计划的完成情况，分析自己的提升点以及计划完成的不足，制订第二年的计划，进一步提升自己的专业能力和教育教学能力。

（2）继续提高自己的阅读量，做好备课工作，分析优秀教师的带班和教学方法，提高自身的专业素养。

（3）深入学习《3-6岁儿童学习与发展指南》和《幼儿园教育指导纲要》，并结合自己的教学实践，分析如何做好幼儿的教育工作。

（4）提升自己的教学能力和专业水平，开始着手记录幼儿的行为和情绪特点，向同事和资深教师请教，并针对个案进行分析，为自己科研能力的提高打下坚实的基础。

（5）学会自己设计小游戏，并严格按照幼儿的年龄特点设计环节，更有效地引导幼儿学习，提高幼儿的学习兴趣。课后继续做好反思的工作。

（6）开始准备在职研究生的研读计划，抓住点滴时间学习科学知识，提升自己的知识水平，为暑期读研和论文的撰写打下基础。

（7）参与各种教育教学培训进修，取长补短，形成自己的教学风格。

（8）利用点滴时间参与硕士研究生远程教育，不懂的内容咨询大学的老师和同学，并在教育实践中应用所学到的知识。

（9）提高自身教学能力的同时，也要提升自己的业务水平和与家长沟通的能力，能合理处理工作中遇到的家园问题，为家园共育积累经验。

（10）可以独自一人流畅地完成所有带班环节，并尝试申请教师职称认定。

第三年（2019—2020年）

（1）争取认真完成在职硕士生的研读任务，在各个学科上取得较好的成绩，并开始着手撰写毕业论文，为硕士毕业做努力。

（2）继续阅读教育相关书籍和一些有思想深度的作品，提升自己的精神境界，并坚持听课，谦虚学习，掌握中班的带班技巧和教育中班幼儿的方法，成为一个有自己风格的教师。

（3）各项教育教学技能基本熟练，每节课不仅做到保质保量，更能吸引幼儿积极主动地参与到教学互动中来，在潜移默化中提升他们的科学知识和生活技能。

（4）熟悉班级管理的各种方法，做一个合格的幼儿教师。协调各方面的关系，同幼儿家长一起做好幼儿的保教工作，并让自己真正融入班级，与幼儿心连心。

（5）提高自己的科研能力，积极参与幼儿园的科研工作。在教学活动中细心观察、善于思考、认真总结，争取写出一些高质量的教学论文，为自己的教学生涯总结经验。

（6）通过观察和阅读，掌握大量的育儿知识，能够指导家长科学育儿。根据个别幼儿的实际情况，能够做好家长工作，为家长制定适合自己孩子的教育方针。

（7）积极参加教学技能大赛，并努力获得一定的奖项。

（8）主动参与幼儿园的建设任务，为幼儿园的发展添砖加瓦。

（9）继续提升自己的业务能力，成为一名业务精干型教师。

五、总结

教师的成长之路是漫长而艰辛的，这条道路永无止境，只有对自己高标准、严要求，才能成为一个不落伍的人民教师。教师的职业是光荣的，但是这份荣誉需要我们每一位教师携手打造、共同呵护，我们的成绩就是幼儿的发展，幼儿的成长就是我们的成功。莫忘初心，砥砺前行！

下篇 成长

——锦幼总分园教师成长之路

拥有独属于自己的代号

——记从一名教师转变成副园长的心路历程

2015年3月，我以一名专职教师的身份被推荐到副园长的工作岗位，开始了幼教业务的管理生涯。这四年多，我经历了、成长了、思考了、进步了、付出了，也收获了。

一、做一名行者

记得刚踏上这个岗位，面对的除了园务工作，还有大量的行政公文处理工作。那时候的我几乎整天就在办公室的电脑前蹲点，一天过去，入班查看的次数少之又少。黄园长观察到我的工作状态后，把我叫进办公室找我聊天。她说："作为一名年轻的副园长，不应常坐在办公桌和电脑桌前，空发指令、纸上谈兵。而应做一个行者，行走在幼儿园的各个角落，了解幼儿园各个环节的具体情况和现状，做到心中有数、有的放矢。"我当时有点委屈，阐明自己不是不想走入班级，而是行政工作太繁杂，时间不够。园长笑了笑，让我把我一天需要做的事情梳理一遍，她同我一起整理工作时间段，帮我分析工作的轻重缓急，有效、合理地分配时间。

之后的工作中，我尽力分化工作量，让自己多抽出时间走入班级，争取做一名"行者"。但是由于自己的经验不足，有时候还是不能很好地划分工作量，造成每天下班后还在办公室内挑灯工作，经常工作到天黑才回家。

黄园长又把我叫到办公室，开玩笑地调侃："你是不是不想回家带娃，故意下班不回家啊？"我低头不语。她叹口气，说道："以前我也时常工作到很晚，于是我经常反思自己：这样做对不对？我觉得我们虽然是幼儿园的管理者，但也身为人母、人妻，工作不就是为了有更好的生活吗？我们要学会调节好工作状态，调整好生活节奏。下班也要做一名'行者'，让自己赶紧回家，照顾好家庭生活。"

虽然现在有时候我还会加一点班，但是比之前要好多了，次数变少，下班时间也基本控制在6点左右。我还会继续努力，使自己在工作中、生活中都能成为一名"行者"。

二、做一名读者

在一次工作检查中，我发现一位教师在工作中违反了工作条例。当时我私下提醒了她，但碍于同事情面，没有严厉声明，也没有在工作会议中提出。但是效果并不好，那位教师没怎么在意，有时候还是会犯，我该怎么做？当面批评她？公开点名？会不会对她造成不好的影响？会不会让我和教师间产生隔阂？我矛盾、纠结……如果是黄园长会怎么做？将此事告知园长后，她告诉我，园长应该是一位读者，不仅要读懂丰富的教育信息，更要读懂教师信息，而且得带着研究意识用心地读！

我们在制定管理条例时，追求的是理想化、合理性，但在执行中会遇到种种情况，有时合理的东西就不那么合情了，管与被管之间就会出现矛盾，如果处理不好，就会产生抵触情绪。教师的工作是面对一个个活生生的幼儿，而不是一个个冷冰冰的机器零件，当教师的情绪处在消极被动的状态下，就可能产生不利于教育的负面影响，更难使其在工作中发挥主动性、积极性和创造性。中层管理人员在处理问题时，还要讲求情感因素，要分析问题的起因，合情合理地处理，以宽容的态度给予指导、帮助。如果轻易地给她扣上工作不负责的帽子，肯定会在她的心中留下一个阴影，无意中打击了她工作积极的一面，产生消极的影响。园长的管理不仅要严，而且还要有情，讲求人情味，这样教师工作的积极性才高，才有利于幼儿园各项工作的开展。

黄园长为了避免教师再违反规定，开会的时候将此事作为一项议程，没有点名，只是批评了不当的做法，对事不对人，希望大家以此为戒，之后又找了那位教师谈心。开始时她有点不好意思，也有点紧张，以为园长会批评她。但园长从她的优点、困难，以及对她的期望等方面和她谈话，让她感受到园长对她的关注，从心理上放下了戒备。进而又请她谈自己的不足，并很宽容地告诉她，每个人都存在不足，我们应该正确面对、积极调整，最后提出了对她的希望。经过这次畅谈，该教师卸下了工作中的心理压力，工作热情比以前高了好几倍，各方面工作都非常积极。

黄园长在做此工作的时候，我一直在旁边学习，也下定决心要多多用心去读懂教师，做一名合格的"读者"。

三、做一名"稀缺资源者"

工作以来，黄园长时常找我聊天，让我谈谈对工作的感悟、对成长的反思。她时常对我说："你现在的工作经历就是一笔宝贵的财富！"她还要我努力学习、反思，让自己成为一名"稀缺资源者"。

怎么让自己"稀缺"？答案就是坚决远离平庸。远离平庸，就是人无我有，人有我优。黄园长说："你可以默默无闻地工作，但你不可以让自己平庸。也就是说，你得拿出绝活来。什么叫绝活，别人不行的我行，别人行的我比别人还行。"

黄园长把她的工作经验毫无保留地教给我们，她希望我们每个人都能在锦幼这个摇篮里茁壮成长，成为成功的学前教育工作者。

真的，园长是一个幼儿园的核心，她肩负着引领园所发展的重任。作为青年教师的我们，要继续学习，不停地向前迈进，用新的教育理念解读"园长"这一符号，从而收获管理经验的不断丰富和管理工作的不断创新。

（候雯）

📖 点评

用"瓜熟蒂落，水到渠成"可以形容候雯在锦幼的发展。候雯是第一批教师中相对较为突出的，并不是性格的突出，也不是专业的突出，而是能"忍"。对于一个刚开办不久的新园，"忍"字尤为重要，能忍得住艰难创业的苦，能忍得住身边各种摩擦的不和谐，有的放矢地做好家长工作，做好同事间友好团结的工作。在庸常的岁月里不忘初心，执着地追求下去……

行走在路上

——记我的成长之路

不知不觉间，我已在幼师这个岗位上工作了近九个年头。以前老说自己还是位年轻教师，但做梦也没有想到，我会在幼师这个岗位上坚持九年。

还记得高中毕业拿到学前教育这个专业录取通知书时，我内心的无知与无助。作为一名理科生，我明明报的是电信工程却被调剂成学前教育。什么是学前教育，我到处找人询问。有人说学前教育出来就是幼儿园教师，有人说学前教育出来后可以去做高级保姆，也有人说学前教育专业的就业率很高，可以去尝试。因为录取通知书已到手，不管我对学前教育怎么理解，也只能硬着头皮去读。还记得第一次召开系大会时，系主任激动地告诉我们，据统计，全校的专业中，学前教育的就业率是最高的，学前教育的春天就要来临。半信半疑的我接受了学前教育专业的四年洗礼。毕业前，我给自己清楚的定位，坚决不去幼儿园上班，要去从事早期教育。可世事难料，毕业后，来到芜湖，我走访了几家早教中心，都不是太合心意。那时候，芜湖的早教还不那么盛行。无奈之下，我找了一家在芜湖算是知名的民办幼儿园开始工作，从此开启了我的幼师之路。

一、初出茅庐，我满腔热忱

我带着刚从学校习得的一肚子知识来到一家民办园，以最短的时间熟悉班里的幼儿。我观察着他们的点滴，每天向家长反馈，并及时地指导他们的家庭教育。我用心对待每一位幼儿，真诚对待每一位家长，得到了家长的好评和支持，我突然找到了当一名幼师的乐趣。但大半年过去了，我每天只限于做这些事情，同事们的目标也仅仅有份工作，每天得过且过。在这样的工作氛围中，我看不到未来的路。于是，我毅然辞去那份工作，回家备考公办园。

2012年7月，我以第一批教师的身份加入锦苑实验幼儿园，这里的一切都是新的。"仁爱育才"的办园思想深得我意，"爱"是一切工作的出发点，"爱"也可以化解一切。面对空荡荡的园所环境，仅有的10名教职工同心协力，顶着酷暑，加班加点，接待了第一批幼儿和家长。那时的我是兴奋的，也是稚嫩的，我发现实际的工作方法和过去学习的理论有很大的差距。面对一些特殊的幼儿，我束手无策。和园长持不同的理念时，我总是固执己见，但最终发现，没经过实践验证的理论是不太可靠的。那时的我们只有一个目标，就是跟着园长，好好工作，努力把幼儿园办好，让家长认可。

二、走上管理岗位，我诚惶诚恐

因为园所的快速发展，作为第一批"老人"，我被调上了管理岗位。再也没有幼儿围在我的身边，也没有家长与我畅谈，有的只是一堆堆永远也做不完的文案，这让我很痛苦。我一直在思考一个问题：对于这个职务，我准备好了吗？显然没有。曾经的自信也在繁杂的工作中被一点点蚕食，因此我陷入了深深的沉思。园长常常对我们说："我用你，我就信你！"为着这份信任，我扛下了肩头的重担。

如今我在保教主任这条路上摸爬滚打了近五年，在园长的带领下，我们开展大型活动、参加各项比赛、探索园本教研、申报课题研究……有了分园后，我们又多了一份担子，努力把分园带好，作出等同总园的成绩。在这期间，我有了自己的孩子。面对来自家庭的压力、工作的烦恼，我常常想到退缩。但我们的园长是位知心大姐姐，她常常和我聊她的家庭、她的工作，教我怎么处理婆媳关系、怎么经营夫妻关系、怎么处理同事间的关系。她在我教科研迷茫的时候给我方向，每次的聊天都能让我茅塞顿开，使我得到成长。渐渐地，我因为对一个人的崇敬转化为对一份工作的执着。我虽然不善言辞，但是我和同事一样，一直在努力奋进。每当我园取得一些不错的成绩时，我总是欣喜万分。突然，我发现，自己的格局变了，思维角度也变了。其实，很多事情都不是一蹴而就的。上帝是公平的，机会只给有准备的人，需要努力、需要汗水、需要坚持、需要把握，甚至需要自己去创造机会和条件。

三、面对未来，有无限可能

刚开始，我们或多或少会有些不适应这份工作，但只要坚持、只要有心、只要用心，每个人的潜力都是无限的。学习是人一生发展的基石，只要给自己准确的定位，并朝着这个定位不断学习、努力奋进，未来将有无限可能。时光不语，静待花开，只要我们坚守在前行的路上，终将绽放出最美的光芒。

（马秀芳）

点评

马秀芳初到幼儿园时，编者就感觉她很有思想，是比较内向的女孩，又有点小执拗，可以说是"满腹经纶，坐地自划"的类型。编者想，这和她本身的学识有关，她是我区第一个学前教育专业的高才生。面对马老师，如何让她尽快成长、让她能接"地气"？在她的规划中，我看到了她的追求和愿景。现在我园的教科研工作迅速发展，开展课程的科学有序，这不正证明了她的发展吗？未来有无限可能……

等待花开，不言放弃

我进入锦幼这个大家庭已有五年整了。这五年对我来说，是不断成长和历练的过程。自从鸠江区区划调整、跨江发展之后，在原沈巷中心幼儿园工作六年的我，也随着时代的变迁，成为锦幼沈巷分园的一分子。在总园的引领下，分园开展科学化、规范化办学，从一日活动的改革到园本教研、环境布置、区域创设以及各类活动的开展，节奏之快让我一时无法适应。黄园长耐心地将先进的办园理念渗透给分园的每一位教师，也使迷茫中的我逐渐找到了前行的方向，并且逐渐积累起宝贵的经验。

2015年，我离开班级，进入保教处工作，主要分管教科研工作。刚刚走出班级的我，缺乏管理经验，原则性不强，不注重活动细节，在教科研工作中浮于表面，缺乏相应的深度。原先我们组织活动都是"拿来主义"，照搬复制，没有创新；但是在黄园长的指导下，2016年，我们积极根据本土文化创设大区域活动"小空间与大世界"，并向全市幼儿园开放。从环境的布置到人员安排，都是园长亲力亲为，她扎实的专业素养给了我们很大的启发。最终，此次活动获得教育局领导和幼教同仁们的一致好评。自此以后，我们开始根据本土文化逐步开展相应的活动，为申报课题奠定了基础。2017年，分园申报了市级课题《依托本土文化，构建园本特色课程的实践研究》，依托本土文化逐渐形成园本特色。在课程的实施过程中，虽然多次遇到瓶颈，但是在与黄园长的沟通、探讨中，我们课题组成员一步步解决了课题中遇到的困难。第一次的课题研究，让我从园长身上学到了遇事迎难而上、绝不退缩的精神。

今后，我们还有许多需要努力的方向，如怎样寻找职业幸福感、怎样带领教师进入深层次的专业成长等。我相信，在黄园长的指引和每一位教师的共同努力下，锦幼沈巷分园这颗初升的太阳，必将迸发出灿烂的光芒！

（邓卉）

点评

邓卉能在分园40多名教师中脱颖而出靠的是胸襟。都说包容的背后蕴含的是爱心和坚强，她不是幼教专业，不够自信，但肯学善专，进步很快。我们共同面对过很多考验，最后都能到达成功的彼岸。编者很幸福，有这样一个小伙伴……

路在脚下

2012年，我参加了鸠江区人力资源和社会保障部对外进行的锦苑实验幼儿园的招聘考试，并以优异的成绩成为鸠江区公办幼儿园的一名幼儿教师。整整七年的时光，回首过往，历历在目。

2012年7月9日，通过考核的我接到通知，上午9：00在鸠江区区政府集合，前往锦苑实验幼儿园。9：30左右，一辆银色现代引起了我的注意，随即车窗落下，一声清亮的声音拉回了我的思绪："你是要去锦苑实验幼儿园报到的老师吗？"话音未落，随即又听到一句"上车吧，我带你去。"

上车后我才知道，原来这是锦苑实验幼儿园的黄志静园长。车行途中我们一路畅聊，聊天中我才知道，我们是同一所学校的师姐妹，而且黄园长当时在我们学校可是专业课很拔尖的一名学生，多次受到表彰。如今我的师姐已经升做园长，而我……黄园长听出了我的落寞，鼓励我说："人要有奋斗目标，不管什么职务，只要能体现出你的价值和职业幸福感，那才是最骄傲的！"

路途在聊天中变得是那么的短暂，不一会儿我们就到达了目的地。说实话，锦幼给我的第一印象真的不像幼儿园，倒像社区服务站。走进去一看，里面空空如也。黄园长边走边说，未来这所幼儿园要靠我们去改变。她问我的家在哪里，我说我家住南瑞，离幼儿园有点远。于是，她让我最好找个房子租住，周末回家，方便又安全。黄园长挺细心的，但是我说不用租，坚持坚持，习惯就好了。黄园长笑笑没再说。

真的如我所想，习惯就好了？说的容易，但做起来就真的太难了。秋天是个忙碌的季节，九月我们迎来了开学季，当时因为师资有限，我们只开了三个班，两个小班、一个中班。就在开学前一天，黄园长和我们一起开会，商讨开学第一天要注意的各项工作事宜，会议一直开到晚上7：00。回家路上，我的肚子咕咕叫着，身心俱乏，但还要等公交车，到家时已经是晚上8：00了。第二天早上7：30还要准时到园，我赶紧洗洗睡了。为了防止迟到，我特地设了一个闹钟。第二天早上5：00，闹钟准时把我叫醒，洗漱一番后我就出门了。南瑞这边没有直达的公交车，我要转两趟才可以到园，所以必须提前出门。一路上睡眼惺忪，下了车，走了几分钟总算是到了。拖着疲惫的身躯，我走进班级，开始了一天的工作。又在新生的哭泣声中结束了一天的工作，然后迈着踉跄的步伐走到车站，还要等公交车回家。我想，如果有一张床放在这里，能让我躺下来休息一下就好了。想象是美好的，现实是残酷的。坐了近一个半小时的车回到家，家人想和我聊聊这个幼儿园的情况我都没力气回复，只想着睡觉。就这样周而复始，我坚持了两个月。但在一个周末，我的情绪终于爆发了，对着爱人大吼受不了了，不想去了。家人也说，太远了，要不就辞职吧。哭完后的我冷静下来，思考着辞职的事情，但是心里又舍不得。好不容易考上的公办幼儿园，难道就因为路途遥远就放弃了？我仔细想想，感觉有些不值。于是，我给自己打气，决定坚持一年半载再看情况。

就这样，我开启了早上6：30出家门、晚上6：30进家门的模式，同时把交通工具从公交车转变为电动车。因为相对于坐公交，骑电动车在时间上要宽松些。但凡事有利亦有弊，遇上刮大风、下大雨的天气，骑电动车就很受罪了。可我却在不知不觉中，在家和单位之间穿梭来回了七年整。七年里，十里牌建立交桥，我从高速上过，那叫一个心惊胆战；七年里，芜宁路拆桥建路，我从银湖路绕行；七年里，湾里镇街道修高架桥，马路两边的草坪扒了建，建了扒、我都一一见证这里的变化。无论路上的事物如何变化，我都始终如一，坚持上班。尽管路途中有惊险、有沮丧、有无助，但是心里还是挺充实、挺快乐的。黄园长不止一次地在园务会上表扬我的坚持认真，她说我家离得远，却从不迟到，即使车子坏了也在第一时间赶至幼儿园。是我对待工作认真负责的态度，给了我坚持的信念。听到黄园长对我的赞许和认可，我心里美滋滋的。

路在脚下，我将继续朝第八个年头迈进。我坚信，我会用一颗平常心，去感受沿途的美好，即使前方布满荆棘、波折、危险、坎坷，我仍会坦然面对，走好自己的人生之路。

（仇泽萍）

点评

　　有人说"一个好的幼儿教师，既是严父又是慈母"，仇老师把这句话诠释得很到位。在工作中她总是把严与爱结合起来，爱严结合，爱而不纵，严而有理，严而有方，严而有度，让家长心悦诚服。七年里，仇老师从家到学校一个多小时的车程，风雨无阻，从不迟到。我们看到她的坚持，感受到她作为一名幼儿教师高度的责任心。她是工会主席，也是同事眼里最美的"标杆"。尽管大家对她的评价很高，但她不娇纵，一直以来踏踏实实做事、兢兢业业工作，是锦幼的好老师，是编者的好师妹！当然，编者更期待她在教科研上再上新台阶。

越努力，越幸运

我是鸠江区学前教育学科带头人，在园长的引领下，我逐渐成长。对幼儿的喜欢，对课堂教学的热爱，让我对幼教工作充满期待与憧憬。

一、带着澎湃的心情，重新出发

期待、梦想，仍在路上。我梦想有一天，能如许多优秀的幼教人那样，可我发现，生活真的不像料想中的那般如意，我……迷茫了！但是很庆幸，我能够在人生最迷茫的那段时间遇到我的领导——黄志静园长。刚加入锦苑的那段时间，园长给予我很大的动力。记得那次区级展示课《吃掉黑暗的怪兽》，课前我很紧张，有些无措。"园长妈妈"一次次地帮助我磨课，给我灵感，让我找到自己的优点并去展示它。磨课是难得的积累经验的好机会，必将成为我以后的财富。那时，我们经常会一起谈努力、谈幸运……

渐渐地，我从一个女孩变成了一位母亲，但人的精力真的是有限的，很难兼顾工作与生活。在那段时间，我出现了倦怠，觉得不幸福，工作状态也是痛苦的。我不断地问自己：怎么会有这种想法？当初对幼教的那份坚持和执着去哪了？假如我没有和幼儿们在一起，我将缺少做自己喜欢事情的那份执着，也将失去和家长一同分享幼儿成长的那份喜悦，这份幸福感是任何事物都无法替代的！我很焦躁，在我快要失去方向、目标的时候，我的幸运星——"园长妈妈"及时听我诉说生活中的烦恼，帮我分析解决的方法，让我度过了那段很艰难的日子。我想：越幸福，就要越努力；越努力，才会越幸福！

二、重拾最初的那颗心，继续前进

2015年的暑假，我接到园长的电话："芳芳，区里首次推出学科带头人，有没有信心试试？""天呐！我可以吗？"无数个可以、不可以同时在我脑海里涌出，"我看你可以试试，这并没有你想象中的可怕，展示你的学科性就好。"园长看出了我心中的胆怯，还给我加油打气。"嗯！勇敢面对！"听了园长的一番话，我下定了决心。2015年9月，通过一系列评审，我被评为鸠江区学科带头人，2015年11月担任鸠江区学前教育名师工作室主持人。我学习其他主持人的工作方法，也开展了一些活动。每次邀请黄园长来参加，她总是说："相信自己，你可以。"或者开玩笑说："把你拴在腰上啊？"其实我知道，她一直默默地站在我身后，做我坚强的后盾。就这样，我摸爬滚打着，完成了第一批名师工作任务，虽然漏洞时有，但也中收获了一份从容。今年我继续被评为鸠江区学前教育名师工作室主持人，不忘初心，方得始终。在我没有方向、没有目标时，我的幸运星——"园长妈妈"的引领，让我找到了那份冲劲，重拾了那份初心，找到了勇往直前的信心！

今后的日子，我要继续感恩。感恩伙伴，感恩他们的配合与包容；感恩家长，感恩他们的支持；感恩幼儿，感恩他们带给我的快乐与感动；感恩遇到的每一位值得我尊敬的人。最后，感恩亲爱的"园长妈妈"，她的信任、她的给予、她的专业引领，给了我巨大的勇气和动力。我想，如果没有她，也没有今天成为名师的我。坚信"园长妈妈"说的那句话："越努力，越幸运！"

（符仁芳）

📖 **点评**

符仁芳老师是个幸运的人。作为鸠江区第一个学前教育名师工作室主持人、学科带头人，同时兼任我园党支部书记。一个个头衔、一个个荣誉证明她是优秀的，不自信是不是和她不沾边？不是！编者肯定她经常不自信，加油打气、略施压力是我惯用的"伎俩"。她喜欢和编者促膝长谈，谈工作、谈发展、谈家庭。如今，她面对挑战多了一份从容、多了一份淡定，各项工作的开展也越来越成熟。正所谓"心有多大，舞台就有多大"，编者更期待她作为鸠江区学前教育第一位学科带头人，除了自我发展之外，更能够带出一支优秀的队伍。

回　首

——我的成长历程

一个人静下心来思考时，思绪总是不由自主地飞回七年前的那个暑假。那时候，我刚刚来到芜湖，来到这所幼儿园。对于一个外地人来说，这里的一切都是那么的陌生。

还记得入职的第一天，正巧碰上女儿过生日，当时第一个念头就是请个假吧，我不能错过宝宝的第一个生日啊！可转念一想，第一天上班，连领导都没见到就请假，有点不太好，我陷入了两难之中。最后，我还是决定给园长打个电话，同时也做好了放弃工作的准备！惴惴不安的我拨通了电话，心里希望园长能理解我的诉求。一番交流后，园长答应了我的请求，并对我说：“如果第二天上午8：30不能赶到单位，就算你自动放弃！”听到园长的这番话，我甚是感动，这位园长通情达理，很有人情味！帮宝宝过完生日后，我连夜坐火车从浙江赶往芜湖，为了这份未曾谋面的缘分，为了这么有人情味的园长，我马不停蹄地赶路，终于在规定的时间赶到了幼儿园，当面感谢黄园长对我的宽容和理解。我们之间的缘分也就此开始。

在这七年里，我成长了许多。刚入园，我就当了大班的年级组长，后来又担任教研组长。在这段时间里，我的工作一直受到黄园长的认可。我非常感谢园长对我工作的关心和帮助，是她的支持，才使我有不断提升的空间。2016年，我参加了区级骨干教师评比。但是最初我对自己没有信心，觉得自己和这个称号还相差甚远，不敢报名。黄园长鼓励我说：“你要相信自己，而且我认为你一定能行！”为了不辜负黄园长对我的认可，我努力准备。在磨课环节中，同事们热情地给我指导和帮助。终于在园长的指引和同事们的帮助下，我不负众望，评上了"区级骨干教师"。这份荣誉的背后，有锦幼每一位同事的智慧和汗水。慢慢地，我这个来自异乡的人，在锦幼大家庭里感受到了家一般的温暖！

再后来，有时候工作太忙，生活真的有点顾不过来。我思考了许久，想辞去年级组长、教研组长的职务，并将自己的想法告诉了黄园长。可是，我非但没有请辞成功，反而接受了更加艰巨的任务——担任环创组长。刚刚接手这个工作，我真是一脸茫然，虽然在班级布置方面，我经常会受到园长的好评和鼓励，但对于全园的环境创设，我真的毫无头绪。因为全园的环创这不像班级环创，可以自由选择风格，我担心把握不好方向。黄园长却坚定地说："不管你当不当，就这么定了！"在担任组长期间，黄园长一直引领着我，带着我前进，指给我方向，还常常教我如何带领团队。正是因为有了园长的厚爱与关怀，我的工作能力突飞猛进。现在，我带领着自己的团队团结奋进，努力创新，努力为幼儿营造一个会说话的环境！

一晃七个年头过去了，在这七年里，我学习了许多知识，经受了许多历练，也成长了起来。黄园长就像姐姐一般照顾我、帮助我、锤炼我，让我一次次蜕变、成长！今年暑假，园长把全园仅有的一个园长培训班名额给了我，我十分感激。我会好好把握每一次机会，努力提升自己，用自己的行动回报锦幼，回应黄园长对我的期待和信任！

（毛秀梅）

点评

编者常常说，毛毛天生就是做幼儿园教师的，她的一言一行、一颦一笑，瞬间就能拉近与幼儿的关系。作为一名来自外地的教师，她一方面要适应地方之间的差异，另一方面在专业上也不放松对自己的要求。

编者交给她的一次次任务，给她的一次次历练，虽然当时看来她有点力不从心，但想要成蝶，必须要经历破茧的蜕变。希望她一直能以花的姿态行走，让自己真真切切地绽放！

感悟与成长

　　童年的我，非常喜欢教师这个职业，并立志要成为一名人民教师。长大后，我如愿成为一名光荣的人民教师。依稀记得2006年从学校毕业，第一次踏上工作岗位时的兴奋，转眼已工作十三个年头了。十三年的时间，我的教师生涯经历了一次又一次的大转折。初为人师时，我是一名小学教师。工作七年后，转岗成为一名幼儿教师。刚刚步入这个陌生而繁重的工作岗位时，我充满了迷茫，每天面对着幼儿的吵吵闹闹不知所措。就这样，在烦躁与不安中，我度过了三年。2014年，沈巷区域调整，我园从沈巷中心幼儿园更名为锦苑实验幼儿园沈巷分园。在黄志静园长的带领下，我园进入了集团化办学阶段，经历了办学模式改革、教育教学改革等历程，最后进入正规化管理。至今我还清楚地记得，第一次见到和蔼可亲的黄园长时，我就被她的干练与自信所折服。

　　在新的教学理念的充实下，为了提高自身的业务能力，幼儿园积极组织我们参加各类教研活动、业务学习、优秀园所的参观等，汲取有益的教育经验。幼儿园提供的培训活动和展示平台，使我在教育教学工作中取得了很大的进步，能有针对性地备课、备教材、备幼儿，并做好活动反思。黄园长严格要求我们，让我们在做好本职工作的同时，要提高自己的理论水平。幼儿园为我们订阅了多种幼教杂志书刊，让我们可以接收最前沿的幼教理论知识，不断充实自身的知识储备，与时俱进，及时吸纳新思想、新知识、新信息。在黄园长的指导下，我们的每一分耕耘，都换来了丰硕的成果。2017年，我荣获"区级骨干教师"的称号。

　　2017年的我，离开教学一线岗位，进入办公室从事管理工作。由于缺乏办公室管理经验，我对管理工作很迷茫，不知该做些什么，更不知该如何做。

于是，黄园长耐心地指导着我的工作，也包容我犯下的错误。她常常和我说："工作中你要抓住重点，资料整理上要抓细节！"在她的指导下，我渐渐有了目标，有了方向，做起来也得心应手。

我一直认为自己是非常幸运的，因为不仅有锦幼为我提供的发展平台，更有黄园长对我的指引。园长给了我很多指导和鼓励，是她帮助我解决了实践中的困惑和发展道路上的迷茫，是她教会我"用崇拜的眼光去看幼儿"，也是她让我明白："格局有多大，世界就有多大！"

（雍翠）

📖 点　评

　　雍翠敏感、善良，曾经是个安常守故的教师。但是编者希望她能有创新、有思辨，能大声说出"我能行"！通过近五年的相处，渐渐地，编者发现她变了，变得想说、想做、能说、能做了。雍老师，请相信：心有多大，舞台就有多大！

快乐成长，收获幸福

不知不觉，我踏上教师的工作岗位已有近十一个年头了。刚毕业的那年，我带着一腔热情去农村小学支教，一去就是三年，完成了特岗教师的使命。随后由于机缘巧合，我考入了锦苑实验幼儿园。当今社会，当一名幼儿教师已经不是一件容易的事了，尤其要当一名优秀的幼儿教师，更是难上加难。从事幼教行业的教师都知道，作为一名在一线工作的幼儿教师，不但要上好每一次的教学活动课，还要做好班主任的各项工作。所以说，每一位幼儿教师都不简单。我作为一名从事幼教行业七年的青年教师，在这些年的教学工作中，有辛酸，也有喜悦，虽然在这条道路上走得磕磕绊绊，但是越走越顺，越走越有成就感。

在班级的管理上，我以一个大家长的身份管理所有的幼儿，公平对待。一个班级就像是一个大的家庭，在这个家庭里，班主任既是幼儿的妈妈，又是幼儿的爸爸。我会用慈母般的爱，去关心爱护每一个幼儿；用严父般的爱，去严格要求每一个幼儿。当遇到幼儿争吵的时候，我首先了解清楚整件事情的前因后果，再断定谁对谁错。如果幼儿犯了错，等待他的只是一味地责备，对他的内心也会造成伤害，所以我经常会让他们在回忆事情的过程中领悟到自己的过错，主动道歉。我们班里有个叫齐恒宇的小朋友，特别喜欢咬人，而且从来不会在小椅子上坐好，精力太过旺盛。记得有一次，他把园园小朋友咬伤了，当时我很生气，本想去责备他，可冷静一想，事情肯定不是单方面的问题引起的。于是我向周围小朋友打听情况，也问了他们俩事情的经过，后来才知道，虽然是齐恒宇小朋友不对在先，但是园园也还手打了过去。在我的引导下，两个孩子都知道错了，也相互道了歉，最后还开开心心地成了好朋友。

　　要想做一名合格的幼儿园教师，就是要成为"孩子王"，走进幼儿的内心世界。幼儿园的幼儿年龄小，又单纯又天真，他们需要老师能够像妈妈一样呵护他们，像姐姐一样和他们玩。所以，作为幼儿园的教师，一言一行对幼儿来说都至关重要。要让幼儿感受到老师对他们的爱，这样他们就会愿意和老师交流，愿意和老师一起玩游戏。

　　当幼儿在玩角色游戏的时候，老师可以加入他们一起玩，就会发现，当幼儿们看到老师也一起玩，会特别高兴，他们会热情地带着老师玩这个、玩那个。当幼儿在聊天的时候，老师也可以凑上去听一听、讲一讲，就会知道他们每天都在聊些什么，慢慢地了解了每个幼儿的兴趣爱好，发现他们表达能力的发展情况。慢慢地，幼儿就会把自己的小秘密告诉老师，老师就能成功地走进他们的内心世界。有了这样的交情，得到了这份信任，班级管理起来就会得心应手，幼儿也会愿意听老师的话。

　　在锦幼的这七年，我收获了我的家庭和两个宝宝。每次当我遇到困境的时候，黄园长都会给我指引方向。当我刚生完大宝时，由于晚上回家带孩子辛苦，加上母亲的身体又不好，所以总感觉心累，白天来到幼儿园里上班的时候就觉得心有余而力不足。"园长妈妈"及时发现了我的问题，找我聊天，了解了我的家庭情况，同时语重心长地对我说："胡沁啊，你已经是个老教师了，不能总是这样浑浑噩噩地混日子，要给自己找准方向。音乐是你的特长，你既能唱又能弹，那就专攻音乐课，发挥你的特长。""园长妈妈"的话一下子点醒了我。可是，如何将我所学的技能应用到幼儿园的课堂教学中去，又成为我要迎刃而解的问题。于是，我向"园长妈妈"提出能不能让我听听名师的音乐课找找灵感。"园长妈妈"二话不说就推荐我加入市音乐中心组，参加了市级大大小小的音乐教研活动，几场活动参加下来，给了我很大的触动，原来幼儿园的音乐活动形式可以这么丰富多彩。从模仿课到创新课，都让我得到锻炼，也成长了不少。在2017年鸠江区骨干教师评选中，我上的是一节大班音乐歌唱活动"祖国祖国，我们爱你"，是"园长妈妈"带领着团队帮我加班加点磨课。准备期间，我们付出了很多，细到每句语言的精练、措辞的准确恰当，让我感受到同事们对我毫无保留的帮助，同时让我学习、收获了很多。感谢锦幼团队，有了他们的帮助才让我在幼教的岗位上能够找到方向，也让我对今后努力成为一名合格的、优秀的幼儿教师增添了信心。

其实，幼儿园教师的工作并不像我们想象中的那么辛苦，因为每天能够和一群天真可爱的幼儿在一起生活、学习，他们的欢乐和笑声会让我们感到快乐。无论我们遇到什么挫折，都要及时调整好心态，开开心心上班，快快乐乐下班，学会享受生活，追求独属于自己的那份幸福！

（胡沁）

点评

在幼儿园工作的这几年，胡沁老师踏实、勤奋。幼儿园经常推荐她参加各类比赛，扬其所长。近年来，她逐渐成长为年级组长，又被评为区级骨干教师。看她如今已是两个孩子的妈妈，突感时间飞逝。希望胡老师"无论遇到什么挫折，都要及时调整好心态，开开心心上班，快快乐乐下班，学会享受生活，追求独属于自己的那份幸福"！

在锦幼的这些年

时光在平静中悄然逝去，而我在幼儿教师这个平凡的岗位上兢兢业业、踏踏实实地工作已经十六个年头了。现在的我依然热爱这份阳光的职业，热爱那些活泼可爱的幼儿。因为热爱，所以喜欢。

在进入锦幼之前，我的备课方法不规范，缺乏教学艺术。进入锦幼工作之后，我庆幸能在这里遇到许多帮助我的同事和支持我的领导，让我在幼教路上不断成长。黄园长和同事们的关心和鼓励给了我前进的动力，在每次教研活动中，我都会认真学习规范的教学方法以及备课形式。一次又一次地修改教案，就是为了组织好每一次教学活动。在每学期的教师大练兵活动中，园长都会及时中肯地指出我的不足之处。她提出的建议有理有据，令我茅塞顿开。一些骨干教师的示范课也让我学到了如何更好地组织活动，如何寓教于乐。幼儿园提供一次次公开课的机会，更让我渐渐找到了感觉。我意识到，一节成功的活动课不仅仅在于那些精致巧妙的教学用具，更是教师和幼儿之间心灵的交流、智慧的对话和生命的呼唤。于是，我努力把每个活动当成和幼儿游戏探秘的机会，用心与幼儿一起收获快乐，共同成长。

在幼儿教育过程中，引导他们接受正确而有效的教育是关键。想到这里，班里的一个小男孩的身影浮现在我眼前。众所周知，迷宫游戏是每个幼儿都喜欢的，这个小男孩也不例外。在别人玩的时候，他趴上去就抢，用胖胖的小身体去推、去挤。为此，我请教了园里有经验的教师，他们帮我设计了一节"迷宫礼貌"的活动课，让幼儿表演用"您好""请""谢谢"等礼貌用语走迷宫，其他幼儿看得津津有味，唯独他闷闷不乐。课后，我找到他，问："宝贝，今天的游戏好玩吗？开心吗？"我和他谈论游戏过程中其他幼儿的表现。

突然，他大声地对我说："范老师，我错了，我不应该和小朋友们争抢。"看着他那双清澈的眼睛，我会心一笑，为他的进步感到喜悦。

教育不仅仅是教师的责任，也是家庭的责任。在教育的过程中，我深刻体会到加强家园联系、与家长多沟通是至关重要的。

蒋沐洋是小班的一个男孩，他平时不太会和同伴交往，总是用小手去抓同伴的衣服，以引起同伴的注意。他吃饭十分挑食，遇到不喜欢吃的饭菜就牙关紧闭、皱着眉头，有时还会把菜弄得桌上、地上，到处都是。我对他的妈妈说："今天，宝贝上课时举手发言了。不过又用手碰了别的小朋友，我知道他不是故意的，只是想引起同伴的注意，想和朋友玩。回家要多指导孩子用正确的方式和别人交往。"当蒋沐洋的妈妈听到我表扬她的儿子时，脸上笑开了花。当听到孩子打人时，也觉得不好意思，还当面对孩子说："洋洋，不要和小朋友打架，要和小朋友团结友爱。"一次放学，蒋沐洋的奶奶和我说，宝贝在家里也是脾气倔强、好动，爷爷和爸爸妈妈都很溺爱他，对他没有约束。在家只有奶奶经常管束他，但是妈妈还为此和奶奶发生过矛盾，要奶奶不要太严厉，以至于蒋沐洋没有养成好的行为习惯。

为帮助幼儿形成良好的行为习惯，我和园里有经验的教师探讨，并采取了以下一系列措施：

（1）通过家校短信平台，向蒋沐洋的妈妈发送相关的家庭教育知识，及时反映幼儿在园的点滴进步。

（2）采取表扬和批评相结合的方式，当幼儿表现好时，及时在集体面前进行表扬；表现不好时，私下进行批评教育，以此提高幼儿辨别是非的能力，形成良好的行为习惯。

（3）关爱幼儿，以情感人。

这些年，在与黄园长及同事们的交流中，我慢慢学会了和不同性格的家长沟通的方式，学会了换位思考，想家长所想，急家长所急。每位家长都希望自己的孩子得到夸奖。所以，我们应该首先肯定幼儿的优点，再站在家长的角度替幼儿说话："孩子不是有意的，他也许想交朋友，只是方式不对。"让家长感受到老师是关心幼儿、理解幼儿的，这样就容易赢得家长的信赖和支持。当家长和教师成为朋友后，就能获得家长对班级工作的支持。

有人说，教师是辛勤的园丁，辛勤地浇灌着祖国的花朵。那幼儿教师呢？我想，就是将种子播撒到泥土里，给种子提供养分的人吧。锦幼给我提供了肥沃的泥土，园领导和同事们给予我甘霖，使我茁壮成长。我要将这些营养回报给幼儿，为我热爱的幼儿教育事业提供一方沃土，为我热爱的幼儿创造幸福的童年！

（范莹）

📖 **点评**

> 　　幼儿教师是平凡的，幼儿教师的工作是细碎而又烦琐的。范老师看似平凡，却在幼教岗位上踏踏实实的工作了十几年。"因为热爱，所以喜欢。因为喜欢，所以坚守。"她做事井井有条，无论是班级管理、课堂教学还是家长工作，范老师都在积极汲取新的理念和方法。在锦幼这些年，范莹完成了为人妻至为人母的角色转变，在为人师方面也愈渐成熟起来。建议范莹多读一些幼教理论方面的书籍，因为她已经有了一定的实践储备，再插上理论的翅膀，一定会飞得更远、更高。

不忘初心，伴你成长

我是个忘性特别大的人，对数字也极其不敏感，但我脑子里一直有20130810这样一串数字。一次很偶然的机会看到鸠江区招聘幼儿园教师，我满怀期待又忐忑的心情，报名参加了考试。最后通过笔试、面试、体检等一系列的考核，在2018年8月10日下午，我来到了锦苑实验幼儿园。我是一个小镇姑娘，看到锦幼，我才知道幼儿园原来是这样温馨、美丽、干净，环境布置原来可以如此丰富，区域投放原来可以如此细致。

不知不觉来到锦幼已经五年了，我完成了几件人生中的大事，"她"也见证了我的成长，现在的我们更加亲密，我也为自己是一名锦幼人而自豪、快乐。

这五年里，我热爱着每一个幼儿，他们经常会喊我"阳光女神"。这四个字看似简单，我却为之付出了许多许多。我把所有精力都放在幼儿身上，除了教给他们知识，还全身心照顾他们的生活。把爱哭的幼儿抱在怀里，给不会吃饭的幼儿喂饭，给幼儿穿衣服、梳头发，给尿裤子、拉裤子的幼儿洗衣服，给生病的幼儿喂药，等等。还记得我第一次带小班的情景。小班是幼儿园里年龄较小的，幼儿都是第一次来到幼儿园。因此，刚入园的时候，哭的幼儿很多，我就抱着哭泣的幼儿轻声细语地安慰他们，用故事、儿歌、游戏等吸引幼儿，消除幼儿的分离焦虑。

生活需要美好的回忆。在闲暇时刻，我就会记录一些我和幼儿的日常点滴，偶尔回头看，会觉得既开心又温馨。我来分享几个小故事吧！

有一次午睡起床，我正在给幼儿叠被子，突然看见褚子萱的床上有骨头。中午我们吃了排骨，很有可能是她把骨头捡来偷偷地藏着。我正想生气地问她为什么要拿骨头玩，她看着我说："我要把骨头带回去给我家小狗吃。"不知怎的，我刚才的怒气一下就没了。其他的幼儿也纷纷讨论起来："你要把骨头给小狗吃啊？""小狗最喜欢吃骨头了！"原来褚子萱在她邻居家看过一只小狗，于是在吃骨头的时候想到那家的小狗，所以才悄悄地搜集着骨头。想必她当时一定是非常小心，害怕被别人发现，又非常期盼小狗吃到骨头。我突然发现，幼儿的内心世界是多彩的，充满了爱。这么可爱的想法，我又何必严肃地责备她呢，只是提醒她以后要用袋子包着，而不要这么脏兮兮地藏在口袋里。幼儿难免会犯错，我们更需要关注的是他们犯错的动机是什么，这样对幼儿的想法也会越加了解，也越能走进他们的世界。

还有一次我换了个新发型，将长头发剪掉，做了个齐肩卷发。早上来园时，幼儿们都睁大眼睛盯着我看，说上一句："胡老师你剪头发了？我都快认不出你了。"我也会回应道："那你们喜欢我的新发型吗？"他们回答我说喜欢，我们就各自干各自的事情去了。几天过去了，我想孩子们也已经适应了我的新发型。可是中午餐前准备的时候，我偶然听到有两个幼儿在议论我的头发。"胡老师不是公主了。"我听了感觉很诧异，继续听她们说道："我还是喜欢胡老师长头发的样子，很漂亮的！"可别小看了幼儿，她们小小年纪就有了自己的审美标准。虽然他们喜欢我长头发的样子，可看到我现在的发型，还会哄着我说好看。我自己也感觉很幸福，虽然只是变换了一个发型，但小小的举动却带来全班幼儿对我的关注与关心，从他们的话语、表情中感受的是我们师生之间浓浓的情！

我喜欢幼儿，热爱这份事业，更为自己的职业感到光荣。因为作为一名幼儿教师，我比别人更多一份爱。我爱幼儿，因为我爱每一个纯洁的心灵。与他们在一起，我变得年少、活泼；与他们在一起，唱歌、跳舞、做游戏，看到了自己童年的影子。来锦苑这五年，我学到了很多，充实了自己，还有很多很多等着我慢慢消化。我将一直沿着这条路快乐地走下去，我们的故事还在继续。

（胡清）

点评

　　清清是一个活泼、可爱的"孩子王"。她的身上充满阳光，有阳光的味道，也有阳光的温暖。她是孩子们眼中的公主，是同事们眼中的"开心果"，是家长们眼中善解人意的好老师。她每天都美美地面对烦琐而又有挑战性的工作，也经常想着法子给幼儿带来惊喜。当然，她也时刻不放松对专业的追求。短短几年，她从一名年轻教师成长为年级组长，这是对她工作的肯定。一个人可以走得很快，一群人才能走得更远，相信胡清老师今后还会不断地带给我们惊喜。

岁月与爱同行

那一年，我19岁。

年轻的生命涌动着青春的激情，稚嫩的臂膀梦想着拥抱更多纯真的笑脸，生涩的话语期盼着留住每一个信任的眼神。这些刚三周岁的幼儿是我幼教生涯的第一批学生，虽然未能将他们带到毕业，但这些面庞足以让我记忆终生。

刚入园时，幼儿的哭闹特别严重。没有任何带班经验的我面对焦虑的幼儿手足无措，学过的教育理论此时变成了空白，什么皮亚杰、陈鹤琴，什么五大领域、八大智能，这些仿佛毫无意义。"快，这撒饭了。""呦，那个尿裤子了。""刚才那个上厕所的，怎么还不回来？""哦，原来是不会擦屁股。""天哪，他怎么还在哭呢？"幼儿的哭闹声让我晕头转向，一件件琐事让我急躁不堪。

但是时间是沉淀一切事物的良药，在实践中不断反思是使人进步的最好方式。慢慢地我明白了，每天面对的就是实实在在的幼儿，这些琐碎的工作就是幼儿教育。细化的要求胜过反复的强调，言行的示范有效于严厉的训斥，让幼儿们学会正确的进餐坐姿就能避免撒饭的发生，提醒幼儿睡前小便就能降低尿床的概率。学习擦屁股、换裤子、擦鼻涕、扎辫子，这样的小事胜过千言万语，更能深入幼儿幼小的心灵。幼儿需要的是一个充满爱的班级，老师一个肯定的微笑、一个信任的眼神胜过千万教诲。所以我在自勉：加油，努力去做、去学习、去进步！

那一年，我25岁。

刚刚生完宝宝一年的我送走了自己完整带过的一批幼儿。看着一张张甜美的笑脸，我的脑海里浮现出他们三年前的样子。而到了毕业的时候，他们已然不是三年前的模样。曾经满脸眼泪鼻涕的幼儿不见了，成为彬彬有礼的小绅士、落落大方的小淑女；曾经胆小内向的幼儿不见了，成为侃侃而谈的小健将；曾经拽着妈妈不松手的幼儿不见了，成为最舍不得老师、舍不得离开幼儿园的人……

幼儿长大了，我也在慢慢成熟。做妈妈后，看着家里的小宝宝，我感叹青春的短暂。工作的这些年里，幼儿园的各种学习培训、观摩评比给了我不断学习的机会，身边优秀教师踏实负责的工作态度激发着我去磨炼，自我的实践反思促使我同幼儿一样，经历成长和进步！

如今，我已近不惑之年，已经是两个孩子的母亲。班里的幼儿依旧免不了入园焦虑，但我不再手忙脚乱；班里的幼儿依旧有问不完的问题，但我不再不知所措。幼儿虽然性格各异，但他们同样热切地期望得到老师像妈妈一样无私的爱，同样渴望感受拥有朋友的快乐。看着他们，我总是想起自己天真无邪的女儿。虽是教师，但同为母亲，面对家长，我有了更多交流的语言，更能体会到身为母亲为孩子所想的一切。

"世上有朵美丽的花，那是青春吐芳华。"如果让我再一次进行选择，我依然会选择当幼儿教师，因为我爱幼儿，爱我的工作。我相信，一路汗水洒过，将鲜花满径、芳香相随。

因为成长，与爱同行！

（李晓宇）

点评

晓宇是个有思想、有个性的老师，工作中容易被情绪所主导，有时也会迸发出一些负能量的东西，但她对待工作认真、负责。作为环境布置组的组长，她带着组员为幼儿园的大环境创设出谋划策，班级工作也开展得有声有色。编者想每个人都有两面，一面是天使，当然也会有消极的另一面。

但我们要常常去呵护天使，学会用欣赏的眼光看待他人的优点，真实地给以赞美，激发她们能量的小宇宙！环境创设对幼儿园来说尤其重要，关于主题墙的设计、环境对幼儿的影响等，晓宇应该从蒙特梭利"有准备的环境"的理念中进一步领悟、实践！

从心出发，为爱到达

今年是我进入锦幼的第六年，回顾自己走过的教学之路，欢乐与辛酸同行，收获与遗憾同在。在这六年里，我有许多的体会与成长感悟。

教师是一份平凡而又伟大的职业，心态决定教师的素质和保教质量。作为教师，首先应该调整心态，比起其他的职业来说，其奉献精神要求更多一些，不能过于计较个人得失。而且在工作过程中又离不开学习，必须要学会在工作中找到快乐，这样才能有更多的兴趣与信心去准备每一天的课程。我们应该脚踏实地的一步步来，谦虚谨慎地做好每一项工作。要想成为一名优秀的教师，必须心怀感恩，也就是要具有良好的教育心态。因为感恩，才有爱心，爱上从事的工作。有了爱心，才能有智慧；有了爱心，才会努力、才会勤奋、才会反思、才会坚持、才会成长……回顾自己的成长历程，我在感恩中静心学习，尽心工作。

在锦幼工作的五年时光里，我一直都是踏踏实实、尽职尽责，用心做好幼教这份工作。"教学大练兵""观摩优质课"等给了我一个很好的学习和锻炼的平台，让我能够快速成长。跟有经验的教师请教学习，让我熟悉了班级管理、与家长相处之道等，使自己各方面的能力都有所提升。

我认为，作为一名幼儿教师，应以博爱之心对待每一位幼儿，寻找幼儿各自的闪光点，挖掘其学习潜能，培养他们的自信心和自豪感。另外，应在平日对幼儿多关心、多帮助，并辅以更细致、更耐心的思想教育工作，成为他们学习、生活中的朋友，这样才能准确把握教育，引导幼儿的方向。

回想起2014年我刚踏入幼教这一岗位时的情景，仍历历在目。当我走进班级的那一刻，才逐渐认识到学前教育任重而道远。班级里有调皮捣蛋的航航让人发愁，有整日哭闹的甜甜需要安抚，有不会擦屁股的源宝需要不时照料，有总是尿裤子的轩轩需要注意……刚入园的幼儿总是会出现各种状况，需要教师时刻观察、及时提醒、随机处理的同时还要组织好一日活动。刚踏入工作的我还没有完全适应这样的节奏，不免觉得分身乏术、筋疲力尽。在逐渐适应的过程中，幼儿在迅速成长，我也从中受益良多、乐在其中。我喜欢看他们在教学活动中充满好奇的大眼睛、争先恐后举起的小手，所以认真备课，希望他们得到更好的体验；我喜欢看他们在户外活动中奔跑的身影、欢乐的笑声，所以搜罗有趣的体育游戏，希望他们能够快乐；我喜欢他们学会叠衣服、拉拉链、不撒饭时自夸自得的可爱模样，所以耐心地教他们做很多事情；我喜欢他们依赖我、信任我的感觉，所以更加严格要求自己。记得甜甜刚上幼儿园时，哭了好长一段时间，我抽出很多时间来做她的思想工作，使她渐渐地适应了幼儿园，上课时认真听课，其他时间就常跟在我的身后，像一个"小尾巴"那样形影不离，还对妈妈说："在家里妈妈最亲，在学校老师最亲。"幼儿的天真可爱时常感动着我，我的心也温暖了。幼儿那么可爱，我们有什么理由不做一名可爱的教师呢？

时常有人会说："每天看小孩多吵、多累，我可受不了。"是啊，有时在幼儿园累了一天，回家的时候也想赶快休息一下、安静一会。可不知为什么，每天只要踏进幼儿园的大门，什么烦心事都忘了。也许你会问为什么，从幼儿天真可爱的笑脸、稚嫩的声音、童心可爱的思想、充满好奇的目光中就可以找到答案。幼儿是祖国的未来，作为一名幼儿教师，有责任呵护好这些幼苗。用我们的大爱化成一道阳光，照耀着幼苗；化成一道小溪，滋润着幼苗。看着幼儿一天天长大、懂事，作为老师的我也觉得很幸福。我是一名幼儿教师，是在学前教育路上不断前进的学习者、探索者，不需要光环，不需要掌声，看到幼儿甜甜的笑容就已足够。

（王敏）

点评

　　王敏老师非幼教专业出身，但她很努力！她一直以来都是踏踏实实、尽职尽责，用心做好每一件事。爱心、耐心、细心是她的法宝。凭借多年积累的经验和不断的探索，如今的她已然是一名合格的幼儿教师。她还在不断地超越自我，用她温暖的微笑让幼儿沐浴在爱的阳光里。正如她所说："孩子那么可爱，我们有什么理由不做一名可爱的老师呢？"

　　林语堂说过，所谓幸福，就是睡在家的床上，吃父母做的饭菜，听爱人给你说情话，跟孩子做游戏。幸福的王敏老师！

八 年

时光悄然流逝，作为青年教师的我，职业生涯已走过八个年头了。很多时候，我把现在的我和八年前的我进行比较，总会觉得不可思议。思想上的成长是最明显的，包括教育思想，也包括工作态度、工作方法、工作热情等方面。种种与工作相关的记忆印在脑海中，这些印记里既有领导的关心、同事的帮忙，也有我的努力与付出，这些印记让我深刻地体会到做教师的艰辛和快乐。回顾我走过的教学之路，有几点成长感悟与大家分享。

首先，时刻保持良好的心态。教师的工作是平凡的，心态决定教师的素质和教育教学的高度。工作中，有很多事情需要我们主动去做，例如备课、上课等。我们要想幼儿所想，把工作做在前头，这样不仅可以锻炼自己的准备能力，也能提高自身的专业素养，同时还能更加灵活地应对可能产生的问题，争取更多的机会进步。

其次，做个有心人，及时反思教学，不断提高业务水平。每学期幼儿园都有听课、评课的活动，在一次次的学习和展示中，我学会了针对教学环节进行反思、总结。美国教育心理学家波斯纳说："没有反思的经验是狭隘的经验，至多只能是肤浅的知识。"为此，他提出了教师成长的公式：成长＝经验＋反思。教师最需要反思的就是教育行为，不仅要读懂课程，更需要读懂幼儿，从而正确把握自己的教育行为，做有效的反思。

最后，总结经验，梳理出一套属于自己的班级管理方法。起初，我在管理班级方面有所欠缺，因为班级管理不仅要讲究艺术、多动脑筋，还要思考幼儿的需求。于是，我走进幼儿的内心，聆听他们的想法，同时从教学方法、教学艺术上动脑筋，引导幼儿跟着我的脚步。一个好的班级离不开教师的精心管理。要想创造良好的班级氛围，让每一位幼儿都能健康、快乐地成长，作为管理者的教师，必须把握幼儿的成长规律和个性心理，把工作做细、做深，做到心中有目标、眼中有幼儿、处处有教育。

对待工作，每个人都有自己的闪光点。但是说到底，幼儿教师还需有爱心和耐心，认真对待每一位幼儿。每个人的智力从出生就是不相同的，这是造成发展差异的重要原因之一，所以用统一的标准对待每一位幼儿是行不通的。幼儿的发展有快有慢，各方面的能力也有长有短，一时表现说明不了什么，所以我们要学会用合适的尺子来测量不同的幼儿，并要学会发现幼儿的闪光点。

教师的工作是平凡的，但平凡中自有它的伟大；教师的工作是艰苦的，但苦中有乐，其乐无穷！学海无涯，永无止境。对于教师来说，八年不过是教学生涯中的学步时间，我需要学习和提升的空间还有太多太多。希望在未来的工作中，我可以与锦幼的伙伴们一起努力、一同成长，见证锦幼更辉煌的明天！

（于雯琪）

📖 点评

琪琪老师是个古灵精怪、有点小个性的老师。还记得她刚来园时，浑身都散发着青春的活力。虽然中途结了婚、生了孩子，面对工作和家庭之间的矛盾，出现过一段她口中的很"丧"的时期，工作也有所倦怠，不过好在她是个爽朗的人，把一切都说出来后，误会解除，她依然是我们大家心中开朗、上进的琪琪老师。人生不可能一帆风顺，不经历风雨，哪能见彩虹？迈过去，人生便上了新台阶，又是一个新境界。生活如此，工作亦如此！

努力蜕变成长

六年前，我从音乐学院毕业。那个时候，我站在选择的路口，稚嫩、迷茫，总觉得自己还只是个大孩子。毕业前，我曾无数次幻想着自己工作之后的样子，可能是在中学的课堂上指挥着一群学生学习合唱曲目，也可能是在一所小学给学生教授音乐课。但是就在刚毕业的那个夏天，一个阴差阳错的机会让我踏入了幼教行业，虽然和自己的目标有些出入，但是想着能和一群可爱的幼儿每天相处在一起，也觉得非常快乐和幸福。

回想当初的自己，刚刚踏入幼教行业，年纪尚轻的我对待任何事情都充满了活力和斗志，一度认为自己可以轻松地驾驭幼儿阶段的教育工作。进入工作岗位的第一年，我带的是刚入园的小班。面对幼儿无休止的哭闹，我一度手足无措，每天嗓子都是嘶哑的。刚抚慰好幼儿焦虑的心情，便迎来了我人生中的第一次公开课。我紧张地准备着，也不时向资深教师请教如何设计教案，怎样才能上好一节完整的小班活动课。还记得在匆匆忙忙结束公开课后，老师们聚在一起进行评课，那时还稚嫩的我忍不住掉下了眼泪，也不知是因为活动开展得不完美，还是自尊心太强。这时，黄园长给了我很大的鼓励："你刚踏入幼教岗位，也是第一次参与集体公开课，能有这样的效果呈现已经很不错了，以后还可以再慢慢学习！"同事们也纷纷安慰我，给我提出了很多有效的建议。自此之后，我信心倍增，觉得只要用心、多问、多学习，就一定能把课上好。

从那以后，不管是在教学活动中还是在班级管理上，我一直努力奋进。平时在认真备课、做好本班班级工作的基础上，我经常向资深教师请教，他们也总会不厌其烦地帮我出谋划策，并给我很多中肯的建议和意见，帮助我尽快地把握课堂，走近幼儿。

人生总会遇到很多个转折点，可能是因为自己还太年轻，为人处世不是特别成熟，在班级管理和与家长相处上总是出现一些小问题，这让我非常苦恼和迷茫。黄园长的话让我受益匪浅："想要做一名受家长欢迎的幼儿教师，爱是第一位。有了爱，一切教育问题都会迎刃而解，像妈妈一样给予他们爱，是必要的和必然的。面对班级的家长，你要学会换位思考，要有耐心，懂得家长的心里在想什么。与家长相处，最不可缺少的就是沟通，把幼儿在园内的一切情况主动地告诉家长，要让家长体会到你是爱幼儿的，对幼儿很关注，这样才不会引起很多不必要的误会。"此后，我对待家长更加热情、更有耐心，能与家长及时沟通，表扬幼儿的优点，并与家长共同帮助幼儿改正不足之处。如今，我已经带第二届幼儿了，至今与家长的相处都非常融洽，家长们也很配合和支持我的工作。

在教育方面，我参与了各科的教学，在摸索和学习中不断前行，也能根据幼儿的年龄特点因材施教，有目的、有计划地引导幼儿主动学习，尽量创造条件让幼儿在玩中学、在学中玩，使幼儿在轻松的氛围中学习知识和本领。在班级区域活动的创设中，我也十分用心，为幼儿创造他们有兴趣的、喜欢的区域环境，让幼儿在游戏中增强自身的交往能力、逻辑思维能力和动手操作能力。

在自身能力发展方面，我积极参加园内外各项活动，如省玩教具制作比赛、市讲故事比赛、市现场书画比赛、演讲比赛、教师专业技能比赛等，也获得了不错的成绩。在园内，我加入环境布置组已有几年。作为环境布置组的一员，我总是积极地参与园内环境的创设，经常为组内出一些好点子，大家共同商讨、一齐动手，很快就能让园内的环境焕然一新。这对于爱画画、爱手工的我来说，不仅是锻炼的好机会，也是做我所热爱的工作。

现如今，想要做一名幼儿教师已经不是一件容易的事情，尤其是要做一名优秀的幼儿教师更是难上加难。我从事幼教行业已有六年，在这些年的教学工作中，有辛酸也有喜悦，虽然在这条道路上走得磕磕绊绊，但是却越走越顺，越走越有成就感。本学期，我有幸成为鸠江区名师工作室的一员。接下来，我将会更加严格地要求自己，向更多优秀的同仁取经学习，完善和提升自己的教育教学水平。俗话说"学习本无底，前进莫彷徨"，我们只有不断地学习，才会有更充足的养分。

（薛莹莹）

📖 **点 评**

　　一路走来，编者看着莹莹从一名青涩的、稚嫩的音乐学院毕业生成长为多次获得省、市、区一等奖的"幼教新星"，真是为她骄傲。这几年，无论在教学活动中还是在班级管理上，她一直努力奋进，不懂就问，积极参加各类活动。各种磨砺让她越来越自信，越自信越努力，越努力越优秀，越优秀越美丽！从音乐专业走向全面发展的幼教老师，这是一次艰辛的蜕变。化蛹为蝶，方能舞出我姿。

做一棵不断成长的苹果树

我曾经看到过这样一则故事：有两棵苹果树，同一年种下，同一年开花，同一年结果。第一年，苹果树都结了10个果子，都被人拿走了9个，只留下一个。第二年，苹果树都结了100个果子，也都被人拿走了99个，只留下一个。后来，其中的一棵苹果树感觉自己的果子都被摘走了，就自断经络，果子结的一年少之一年。而另一棵苹果树却因为能为别人付出而高兴，就使劲地结果，第三年结了1000个果子，被人拿走999个，第四年比第三年结得还多，仍留下一个，但它越来越枝繁叶茂了。一个故事，两种成长经历，就像我们生活中的两种人面对人生的态度：一种人是积极开朗，敢于面对；另一种人则消极被动，自暴自弃。

"得到多少果子并不是最重要的，重要的是，自己永远在成长！"记得当初我选择这个职业，只是听身边长辈的话，对学前教育专业并不是很了解。后来，我慢慢接触这个职业后，发现自己要学习的东西有很多，如真正了解每位幼儿的特点，包括身体、心理、与家长沟通、专业技能等。在我从事幼教工作的三年里，我见证了幼儿的成长，同时幼儿也见证了我的成长和努力。

2015年11月，我来到了锦幼大家庭。那时候的我，刚从大学毕业不到半年。记得刚来这个幼儿园的时候，我进入的是小班。面对几十个萌娃，我深刻体会到了什么叫作无能为力，幼儿各玩各的，几乎没人听我说话，忽视我的存在。我发现幼儿园生活并不是想象中的那么美好，工作的琐碎、小班幼儿的吵闹、孩子刚入幼儿园的迷茫……我的心情是焦虑的，下班后还会对身边亲近的人发脾气。可是在幼儿园里，我每天都带幼儿玩游戏、学本领、做锻炼，感觉过得很充实。虽然有一些材料、教具、环创要做，但是一旦脑海里浮现幼儿对新材料、新环境表现出的好奇和惊喜，就会感觉一切的付出都是值得的。有时，幼儿还会用稚嫩的语气说："老师，我喜欢你。""老师，你去哪里了？我想你了。""老师，我给你捶一捶背。"能被这些幼儿惦记，我是幸福的。

回想起从前，我猛然间发现还有半学期他们就要毕业了，突然百感交集。

记得小班刚开学时，第一次面对新来的36位小朋友，面对他们的哭闹、不安、焦躁，我有过安抚、引导，也有过束手无措。有的幼儿适应能力强，很快适应了幼儿园的集体生活，有的幼儿还是哭着喊爸爸妈妈。还记得刚入园的时候，我们班的吴璟雯小朋友午睡时非要抱着自己的鞋子入睡，一把鞋子拿走，马上就会醒。还有周先易小朋友，吃饭的时候总是瞪着一双大眼睛，一口饭可以一直含在嘴巴里，塞得满满的也不咀嚼，需要老师多次提醒才会慢慢地咀嚼几下。当所有幼儿的饭吃完时，他碗里的饭几乎没动。刚开始的时候，我会给他喂饭，让他慢慢适应幼儿园生活，同时向家长了解幼儿的基本情况。我了解到，周先易一出生，妈妈就离开了，他一直跟随爷爷奶奶和爸爸一起生活，内心缺乏安全感。家长对孩子过度关爱，经常会喂饭，因此幼儿心理存在依赖。日常生活中，我通过教学活动，如语言活动、美术活动，给幼儿简单讲解牙齿分工，告诉幼儿后面的牙齿最有力量，用它咀嚼能快速把饭菜消灭掉。同时在进餐时，我提醒他用后牙咀嚼，改善咀嚼习惯。并且，我对他采取逐渐加量的方法，由少到多，给予足够的时间，适时给予表扬，让他的进步得到其他幼儿的肯定，提高他的自信心。最后与家长及时沟通，尽量让幼儿自己吃饭，不包办代替。就这样，他变得不那么挑食了，可以跟其他幼儿一样正常吃饭了。

回想中班时的幼儿，他们正处于哄又不听、说道理又不懂、好动好奇的阶段，什么东西都想看一看、摸一摸。有时，幼儿之间为了抢玩具争吵、打闹，刚教育完，过不了一会又会忘记。比如王梓硕有些好动，一犯错误，批评几句就会哭，哭完几秒就会忘记自己所犯的错误，继续追逐打闹；汪子轩自尊心很强，内心脆弱，只要老师语气稍微重一些就会泪流满面；曹宇辰喜欢笑，一点小事就笑个不停，经常影响其他幼儿吃饭、睡觉……那时候，我总是不厌其烦地教育他们，现在觉得这一切仿佛就发生在昨天。

到了大班，值得欣慰的是，幼儿越来越独立了，变得勇敢、自信、活泼，有了自己的个性，不再是刚入园时懵懵懂懂、哭闹不停、焦躁不安的小宝宝了。

幼师这份职业，让我觉得很新鲜，因为从来不知道明天甚至下一刻幼儿会有什么样的表现，他们可能随时会带来惊喜或惊慌。同时，我倍感提高自己专业知识的重要性。一名好教师，有爱心、有责任心还远远不够，还需用专业的视角观察幼儿、引导幼儿，促进他们成长。我感谢这些可爱的幼儿，让我不断审视自己，鞭策自己的成长。我会继续尽我所能，让每个幼儿健康快乐地成长，拥有幸福难忘的童年！

（刘佳）

📖 点评

作为一名幼儿教师，幸福其实很简单：看着幼儿从小班时的哭闹到大班即将毕业时的自主、自信、独立，他们一声声稚嫩的问候、一个个温暖的拥抱，总能带给刘佳满满的成就感和莫名的感动。编者眼里的刘佳老师总是润物细无声的，在从事幼教工作的四年里，编者见证了她从一名刚开始束手无策、时常焦虑的新手教师成长为一名有想法、会反思、肯钻研、有情怀，而且是幼儿喜欢的教师。如果今后能够在幼教理论上更加潜心学习，那么刘佳老师的幼教之路会更加宽阔。

最美的时光

"老师，我舍不得离开你！"大班毕业晚会那天，郑心瑶作为幼儿代表发言，短短的几句话，引来幼儿们的一片哭声。三年的相处，让我和孩子们建立了深厚的感情。我也哭了，是自豪，是欣慰，更是不舍。

回想自己这几年的教师生涯，我尝遍了酸甜苦辣，也收获了许多喜悦和感动。幼儿教师的工作是琐碎的、细小的，却又是很有意义的。我充满热情，积极投身于幼教事业，投身于幼儿园这片多姿多彩的乐园中，在平凡的岗位上享受着幼儿带给我的快乐。

"一分耕耘，一分收获。"这句座右铭一直支撑着我砥砺前行。我还清楚地记得，新生入学那会儿，幼儿那一张张惶恐不安的面孔：张志豪抗拒与家人以外的人接触，为了不离开奶奶，竟用自己的头撞击地面；姜笑予噘着嘴和妈妈难舍难分；还有魏文博对小毛巾的过度依赖、郑心瑶对陌生环境的担心，他们的眼里流露出极度不安。于是，我用故事、游戏等吸引他们的注意力，逐渐消除他们的分离焦虑。幼儿是最简单、最单纯的，谁对他好，他就依赖谁。一段时间后，幼儿已从哭哭啼啼地上幼儿园变成开开心心地来园，一口一个孙老师叫个不停。中班的时候，我们班来了个插班生淘淘。听名字就知道，淘淘真的很淘气，一天下来我会听到很多幼儿来告他的状。面对特别调皮捣蛋的幼儿，多多少少会让我有些头疼，可是转念一想，他们同样是父母的心头肉。如果我把他们当作自己的孩子去疼爱他们，就会慢慢地发现他们的优点，帮助他们改掉缺点。当然，这需要爱心，更需要耐心。

工作时，除了和幼儿打交道，我认真学习《幼儿园教育指导纲要》《3-6岁学前儿童学习与发展指南》等学前教育指导材料，以此来充实自我，并以坚实的理论为指导，更好地进行教育教学活动。记得刚刚参加工作时，那时小班幼儿刚入园一个月，在学习早操时，我要求他们能够找到自己的站位。练习了很多次，可还是有很多幼儿找不到自己的位置。我非常沮丧，心想：难道是我的训练方法不对？后来通过学习《3-6岁学前儿童学习与发展指南》，我知道了任何学习都要遵循该年龄段幼儿身心发展的特点。对于刚入园的幼儿来说，训练他们记住站位超过了他们的能力范围，所以获得不了预期的效果。通过理论知识的学习，我明白了要结合本班幼儿的实际情况和发展水平，考虑幼儿的学习特点和认识规律，循序渐进，才是对幼儿最好的教育。

看着班里的幼儿一天天长大，一张张熟悉的面孔终将与我分别。也许，他们长大后，都不再记得那个会给他们一口一口喂饭的我，不再记得曾经教他们穿衣穿鞋的我，不再记得曾经教他们唱歌跳舞的我，不再记得曾经陪他们游戏追逐的我。但是，我还是很开心能够陪伴他们度过三年的美好时光。从刚入园时的懵懵懂懂到现在的收获满满，幼儿在进步，我也在成长。展望未来，我梦想着我的学生都能快乐健康成长，带着梦想飞得更高、更远。在教育教学之路上，我会一路前行，一直坚定且幸福地走下去。

（孙小燕）

📖 **点评**

孙小燕老师是一个内敛、不喜表现的教师，但是工作踏实、认真，带班得心应手，家长工作也开展得有声有色。正是因为经历了酸甜苦辣，才会收获喜悦与快乐！有童心并喜欢幼儿，这是做好幼儿教师的第一步，第二步便是教科研——潜心学习与钻研，上好课，带好班，从五大领域中发现主题课程，落实教学目标。编者相信，孙小燕老师会做得越来越好。

陪伴是最长情的告白

"时间时间像飞鸟，滴答滴答向前跑……"又到了一年毕业季，毕业晚会那天，幼儿一张张稚嫩的笑脸正对着我歌唱，在镁光灯下闪闪发光，如同天使一般闪耀。那一刻，我突然热泪盈眶。我明白，这是我和他们分别的日子。

记得三年前，他们充满好奇、不安，哭哭啼啼地来到幼儿园——这个令他们向往又不太熟悉的大家庭。那时的他们是那么的胆小，看着满含泪水、哇哇大哭的他们，我一时间竟然手足无措！为了他们能够开心的生活，我和他们玩游戏，为他们讲故事。渐渐的，他们开始喜欢幼儿园，爱上幼儿园，每天争先恐后地当第一个到幼儿园的小朋友。我很欣慰，同时也意识到他们长大了，再也不是那个刚入园时哭闹着要回家的小不点。每天和他们一起游戏、一起生活，我喜欢他们天真烂漫的眼神，喜欢他们犯了错后超萌的认错，喜欢他们受了委屈后撅起小嘴巴找我诉说，喜欢他们认真做手工的模样……

每天清晨，我都会站在门口微笑着迎接每位幼儿入园。有时我会摸摸他们的头，有时会夸夸他们的新衣服。这些小小的细节对我们来说微不足道，但却能给幼儿带来一天的好心情。看到幼儿开心的笑脸，我内心的幸福感油然而生。"赠人玫瑰，手留余香"是对教师职业最好的诠释。我喜欢和幼儿在一起的时光，更享受陪伴幼儿一起成长的过程。

幼教事业没有波澜壮阔，没有荡气回肠，没有华丽辞藻的堆砌，有的只是忙忙碌碌，只是平凡和琐碎，还有丝丝入扣的温馨与感动。教师面对的是一群不一样的幼儿，每位幼儿都是有差别的。经过我们的教育，幼儿有变化了、有进步了，从依赖父母到自己独立，最后能主动帮助父母、教师、同伴。看到自己的付出没有白费，感受到幼儿对我的喜爱和尊重，我的内心总是被快乐装得满满的，这就是做教师的幸福。

陪伴是相互的，不仅仅是我在陪伴幼儿成长，同时幼儿也在陪伴着我成长。我高兴的时候，他们会陪着我一起笑；我疲惫的时候，他们会用稚嫩的小手为我擦去脸上的汗水；我失落的时候，他们又会用甜甜的歌声唤起我继续努力的信心。谢谢你们，我可爱的孩子，你们是我心中永远的牵挂。

现在他们即将毕业，当他们穿着整齐的毕业袍站在舞台上时，我知道要和他们说再见了。陪伴他们的三年时光，我是幸福的，希望在这三年给他们留下的回忆也是快乐的！不管再多不舍，终需离别。孩子们，放心去飞吧，你们是最棒的！

（汤佳佳）

点评

汤佳佳是一个"假小子"，工作态度认真、端正，与人相处快人快语。幼儿眼中的汤老师有时严厉，有时可爱，看似大大咧咧，其实内心很柔软。善良和可爱总是形影不离的好朋友，希望汤老师永远可爱、善良。

扎根一线，扬帆启航

2017年7月，我走出华东师范大学的校门，踏出了迈向社会的第一步。我最初的志向，就是毕业以后为家乡的教育出一分力量，所以在实习期间，我果断拒绝了上海一些幼儿园的邀请，也没有选择和同学一起留在教育机构，而是一心想要回到生我养我的芜湖。其实早在2017年年初，我就接到了区教育局关于工作安排的电话，电话那头给了我两个选择，都是在江北的工作，我家住在城南，工作单位却在江北。经过一番思想斗争，我最后选择了锦苑实验幼儿园沈巷分园作为我的工作单位。

同年9月23日，我带着对学前教育的热情来到了锦幼总园报道。在园长室，我见到了黄园长，亲切、和善是她给我的第一印象，谈吐之间也流露出一丝严肃和干练。她为我介绍了幼儿园的发展历史和目前的教育工作现状。为了让我尽快适应工作，她给了我一个星期的时间，让我在总园观摩学习。来锦幼之前，我对鸠江学前教育的印象还停留在我上幼儿园的那个年代，感觉自己内心会有很大的落差。但是当我走进锦幼的各个班级，走遍幼儿园的每个角落，我发现这所幼儿园真的很不错，无论是硬件还是软件，都与我先前实习的上海一类幼儿园相差无几。顿时，我心安了。

一星期后，我正准备投入江北分园的工作，由于小（二）班的胡老师休产假，黄园长决定让我去小班试试做专职教师，并安排了经验丰富、待人亲切的谢老师和我搭班。对于黄园长的这个安排，一开始我的内心是十分忐忑的。一方面，因为是男老师，我和我的同学从来没有被安排过在小班实习，所以没有带小班的经验；另一方面我从来没有真正带过班，也担心家园工作做不好，不被家长接纳。而这个时间段，小班入园刚满一个月，如何带好小班、融入班级、理解幼儿、帮助幼儿，成为我工作的重心。我作为一名没有育儿经验的男教师，刚开始接触小班幼儿时有点手足无措，对于孩子哭了怎么安慰、尿湿裤子怎么办知之甚少，吃饭挑食、午睡哭闹，刚入园的幼儿真的很难带。因为男教师的身份和敏感的社会现实，一些生活环节，例如如厕等，我实在不太适合在这方面照顾幼儿。黄园长也考虑到了我的担忧，她嘱托班级里的两位女老师主要负责幼儿的生活活动，分担了我照顾幼儿的压力，也减轻了我的心理负担。

与幼儿相处了一段时间以后，我内心的情感也发生了转变。起初，我只是将他们当作我的学生，后来我走进了他们的世界，成为他们的朋友，陪他们玩耍，有时候也像他们的小爸爸，尽心尽力照顾他们的生活。幼儿在成长，我也在成长。事实证明，我真的可以突破世俗观念，胜任男幼教这个职业。园长的信任与鼓励非常及时准确，不仅让我很快适应了带班工作，也在实际工作中提高了教育教学能力。现在的我于江南江北两边奔走，但乐此不疲，也经常协助保教处进行教科研工作，想用我所学服务于家乡的幼儿。当然，我也会有所思、有所悟，不辜负园长对我的信任，在专业领域中寻找自我，继续畅游。

回顾这两年的成长历程，有过艰辛和汗水，但也有喜悦和收获。一名幼儿教师的成长之路必然不是一帆风顺的，但是只要有乘风破浪的勇气，扎根一线，甘于奉献，就一定能够披荆斩棘，到达理想的彼岸。

（钱跃）

🔖 点评

钱跃作为一名华东师范大学毕业的免费师范生，他才华横溢、幽默风趣。在幼儿园短短的一年，给我们注入了太多的新鲜血液。和他聊天，总能获得一些新鲜的东西。他勇敢地突破世俗观念，刚入园就担任小班的专职教师，虽然刚开始有点忐忑，但功夫不负有心人，短短的时间，不论在与同事的搭配合作，还是在与家长的沟通方式、幼儿的教育方法、课堂的教学理念等方面，都能找到他关于男教师的见解。可以说，他完美地胜任了男幼教这个职业。多阅读、勤写作，不要满足于现状，更应该不忘初心，砥砺前行，未来一定会有更大的发展！

参考文献

［1］陈苗.同课异构异样精彩：温杭两地幼儿园的交流探讨［J］.上海教育科研，2008（3）.

［2］傅道春.教师的成长与发展［M］.北京：教育科学出版社，2001.

［3］王敏勤."同课异构"教学反思例谈［J］.中国教育学刊，2008（6）：62-65.

［4］秦艳琼.童谣综论：从文艺学到教育学［D］.南京：南京师范大学，2008.

［5］虹美瑛.童谣的作用［J］.学前教育研究，2003.

［6］崔钟雷.童谣：幼儿智力早开发［M］.延吉：延边教育出版社，2010.

［7］李春玲.幼儿园大型活动组织与策划手册［M］.北京：中国轻工业出版社，2015.

［8］谢小于.如何组织幼儿园大型活动［J］.早期教育，2000（19）：28-28.

［9］薛斐.谈幼儿园大型活动的策划［J］.好家长，2011（2）.

［10］周若冰.家园合作共育新模式的探索［J］.学前教育研究，2005（10）.

［11］周金龙.交互主体性视角下的网络时政新闻翻译［J］.克拉玛依学刊，2010（1）：183-184.

［12］柳海民.《幼儿园园长专业标准》解读［M］.北京：北京师范大学出版社，2016.

［13］教育部教师工作司组.幼儿园教师专业标准（试行）解读［M］.北京：北京师范大学出版社，2013.

［14］刘霖芳，柳海民.教育变革背景下幼儿园园长领导力的现状及提升策略［J］.现代教育管理，2015（2）：81-86.

［15］陈学群.浅谈园长专业引领对幼儿园教师成长的影响力［J］.早期教育（教科研版），2012（3）：36–38.

［16］马秀花.对国内外学前教育发展的现状研究［J］.速读（中旬），2016（11）：15.

［17］秦艳琼.童谣综论：从文艺学到教育学［D］.南京：南京师范大学，2008.

［18］张晗萍.民间童谣在幼儿教育中的应用研究［J］.读与写，2018（8）：226.

［19］罗捷.民间童谣的文化内涵与当代价值［J］.芒种，2012（21）：129–130.

［20］李毅.论幼儿园的儿歌教育［D］.长沙：湖南师范大学，2009.

［21］单沛华.童谣与幼儿审美教育［J］.读写算（教育教学研究），2012（48）：196–197.

［22］杜青芬.树立"以人为本"理念优化幼儿园管理［J］.山东教育，2008（15）：22–23.

［23］胡春平.如何构建以人为本的幼儿园管理模式［J］.求实，2008（S1）：143–146.

［24］吴小平.论以人为本理念在幼儿园管理中的运用［J］.教育导刊（下半月），2010（1）：62–64.

［25］许明仙.强化以人为本管理，促进教师专业发展［J］.学前教育研究，2007（3）：56–57.

［26］陈爱和.以人为本，建设幼儿园管理文化［J］.基础教育研究，2009（3）：46–47.

［27］王雯.浅谈以人为本思想在幼儿园管理工作中的运用［J］.学前教育研究，2004（9）

时光·故事

在我从事教育事业20多年的时间里，经历了很多难忘的时光。每段时光都藏着许多故事，这些故事既来源于工作中触动心灵的点滴感悟，也来源于平时园所管理中遇到的难题与困惑。

《引领·规划·成长——幼儿教师的专业发展》的诞生是基于我从事园长以来的原生态管理实践中所探索、获得的经验与体悟，也是基于我所带领的幼教团队日常辛勤付出的一种回报。因为书中每一个角色所讲述的故事、思考，都是他们工作中真实的心路历程，这体现的是我们锦幼人的工作态度和鲜明的个性特征。这本书不仅是在回顾自己做园长的感悟，也是梳理成长过程中的收获与遗憾。

希望这本书中的内容可以提醒和鞭策自己继续做得更好，同时给新手园长一些管理的启示。

此书的出版让我由衷的感谢、感恩所有关心我们的人。

感谢鸠江区教育局的局领导，给了我施展的舞台，鼓励我，如此信任我的工作。

感谢芜湖市教科所的领导老师在我教科研路上的引领，以及对我出版此书的肯定，让我有信心不断修改和完善。

感谢锦幼总分园那些可爱的小伙伴们，他们激情四射的活力、赞许肯定的目光、自信积极地参与，让此书富有灵魂和情感。

感谢我的爱人和女儿，多年来爱人对我工作的支持与包容、女儿的懂事与贴心，是我坚强的后盾，让我能专注地享受教育的思考与快乐。

　　我想，《引领·规划·成长——幼儿教师的专业发展》的出版不仅是我们锦幼人献给自己的一份礼物，也是我们这个名不见经传的团队呈现给广大学前教育同人的一份作业。这仅是一个里程碑，我们相信，有梦想就有远方，在我们的幼教时光里，还会有许多故事……

黄志静

2019年6月